narr studienbücher

Beate Rues / Beate Redecker
Evelyn Koch / Uta Wallraff
Adrian P. Simpson

Phonetische Transkription des Deutschen

Ein Arbeitsbuch

 Gunter Narr Verlag Tübingen

Beate Rues, **Beate Redecker** und **Uta Wallraff** sind tätig in der Lehre der Phonetik, Sprechkunst, Sprechbildung, Rhetorik und Sprecherziehung an der Friedrich-Schiller-Universität Jena.

Evelyn Koch ist Wissenschaftliche Mitarbeiterin am Institut für Germanistik im Bereich Germanistische Linguistik und Sprachgeschichte der TU Dresden.

Adrian P. Simpson ist Professor für Sprechwissenschaft an der Friedrich-Schiller-Universität Jena.

Bibliografische Information der Deutschen Bibliothek

Die Deutsche Bibliothek verzeichnet diese Publikation in der Deutschen Nationalbibliografie; detaillierte bibliografische Daten sind im Internet über <http://dnb.d-nb.de> abrufbar.

© 2007 · Narr Francke Attempto Verlag GmbH + Co. KG
Dischingerweg 5 · D-72070 Tübingen

Internet: http://www.narr-studienbuecher.de
E-Mail: info@narr.de

Druck: Gulde, Tübingen
Bindung: Nädele, Nehren
Printed in Germany

ISSN 0941-8105
ISBN 978-3-8233-6291-3

Inhaltsverzeichnis

Abbildungsverzeichnis

Einführung

Das vorliegende Buch ist aus dem Bedürfnis entstanden, ein Arbeits- und Übungsmaterial zur Verfügung zu haben, das in die Notation des Deutschen mit Hilfe des IPA einführt. Im Unterschied zu anderen Lehrwerken sollte es über die Logatom- und Wortebene hinausgehend zu sicheren Fähigkeiten im Lesen und Schreiben zumindest weiter normativer standardsprachlicher zusammenhängender Äußerungen führen. Es entstand das vorliegende Arbeits- und Übungsbuch, das vorhandene Materialien, die das IPA-Inventar bevorzugt auf Logatomebene vorstellen (vgl. Wells und House 1995; Vieregge 1989; Hoole und Machelett 2002), ergänzt. Das Buch ist damit kein Phonetiklehrbuch im herkömmlichen Sinne, sondern setzt vielmehr Grundkenntnisse zur deutschen Phonetik voraus. Es stellt den Versuch dar, in die Lücke zwischen "theoretischer" Phonetik und Sprechrealität vorzudringen und lädt zur Auseinandersetzung mit der Frage nach der Funktion der phonetischen Form im kommunikativen Vollzug ein. Damit wird ein Vorstoß auf "glattes Eis" unternommen, dessen Beschreibung das Duden *Aussprachewörterbuch* (2000: 64) noch als unmöglich bezeichnet.

Das Anliegen, eine Einführung in die Transkription zu geben, die sich so weit wie möglich an der Sprechwirklichkeit orientiert, führt unweigerlich zur Konfrontation mit einer Vielzahl von Aussprachevarianten und damit zum Problem der Einordnung und Bewertung verschiedener Ausspracheformen. Deshalb soll nach der Einführung in das IPA-System und einem Abschnitt über die Laut-Buchstaben-Beziehungen im Deutschen zunächst ein Überblick über die Varietäten und verschiedene koexistierende Aussprachevarianten des Deutschen gegeben werden.

Der sich an die theoretische Einführung anschließende erste Übungsteil ist eher präskriptiv ausgerichtet, wenn auch die Orientierung an der Sprechwirklichkeit nicht aufgegeben wird. Hier werden wesentliche allgemeingültige Ausspracheregeln der deutschen Standardaussprache vermittelt und entsprechende Transkriptionsübungen zur Umsetzung dieser Regeln angeboten. Bereits innerhalb dieses eher kanonischen Teils der Beschreibung der Standardaussprache werden zwei Präzisionsstufen der Standardaussprache unterschieden und mit Hilfe von Tonbeispielen vorgeführt.

Die folgende kurze Darstellung zu den Umgangssprachen des Deutschen dient der Einordnung der umgangssprachlichen Tonbeispiele. Dieses Tonmaterial wurde möglichst eng phonetisch transkribiert und kann als Hör- und Transkriptionstraining gleichermaßen genutzt werden.

Alle Transkriptionstexte liegen als Klangdateien vor, können also hörbar gemacht werden. Wir empfehlen, besonders wenn eng transkribiert werden soll, die Klangdateien mit einem Sprachanalyseprogramm, z.B. *wavesurfer*[1] oder *praat*[2] in kleinere Einheiten etwa in Wort- oder Silbengröße zu zerlegen und abzuhören. Gleichzeitig hilft das Erstellen von Sonagrammen und Oszillogrammen bei der Interpretation des Gehörten (z.B. Machelett 1997).

Der Umstand, dass diese Tonaufnahmen nicht synthetisch erzeugt wurden, sondern von Muttersprachlern stammen, garantiert zunächst Natürlichkeit und Authentizität. Gleichzeitig bedeutet es aber auch, dass im Übungsteil keine "reine Norm" als klangliches Muster präsentiert werden kann, sondern es sich stets um eine Umsetzung der Norm durch einen Menschen handelt. Die Aussprache eines konkreten Sprechers ist auch Ausdruck seiner Persönlichkeit, seiner Individualität und des von ihm durchlaufenen sprachlichen Sozialisationsprozesses. Das auszudrücken wird als wichtige Funktion der Aussprache verstanden. Darum wurde bewusst darauf verzichtet, künstlich bereinigte vollkommen "normgerechte" Texte im Sinne eines abstrakten Ideals zu präsentieren. Von Fall zu Fall müssen diese individuellen Besonderheiten oder sich ergebende lautliche Auffälligkeiten als solche benannt und am konkreten Beispiel diskutiert werden.

Das Arbeits- und Übungsbuch hat einführenden Charakter. Dieses Anliegen erfordert bei der Komplexität des Gegenstandes Vereinfachung und Beschränkung in Ausführlichkeit und Vollständigkeit der Beschreibung. Auf gelegentlich wünschenswerte Verbindlichkeitseinschränkungen für Ausspracheregeln (betrifft z.B. die Stimmlosigkeitsassimilation bei Frikativen) wird bewusst verzichtet. Ebenso wurden der Umfang an Regeln und Informationen im Rahmen dieser Einführung beschränkt. Ergänzungen und Differenzierungen wären durchaus möglich (z.B. zur Aussprache von <zu>: als Partikel mit kurzem ungespanntem [ʊ], als Präposition mit gespanntem langem [uː] zu sprechen). Auf die ausführlichere Berücksichtigung der Verknüpfung prosodischer Gegebenheiten mit der lautlichen Form wurde ebenfalls verzichtet. Der Leser wird an entsprechender Stelle Verweise auf weiterführende Quellen finden.

Abschließend soll denen gedankt werden, die neben den Autoren Anteil an diesem Buch haben. Zunächst gilt unser Dank Gottfried Meinhold, auf dessen Arbeiten zur Phonostilistik die Kapitel zur situativen Varianz der Standardaussprache fußen, der aber auch als Autor und Sprecher des literarischen Textes "Traum" die Einheit von Theorie und sprechpraktischer Umsetzung in idealer Weise verkörpert.

Unser Dank gilt aber auch Helge Skirl, aus dessen Feder die Texte "Aschblond" und "Bald verweht" stammen, die er ebenfalls selbst gesprochen hat.

Nicht zuletzt danken wir unseren Kolleginnen Romy Baumgarten und Ramona Benkenstein, die als Sprecherinnen mitgewirkt haben. Ramona Benkenstein danken wir ebenfalls für ihre Hilfe bei der technischen Fertigstellung des Skriptes.

Dank gebührt auch der International Phonetic Association für die Möglichkeit, die Tabelle des Internationalen Phonetischen Alphabets auf S. 6 zu übernehmen.

---

[1] http://www.speech.kth.se/wavesurfer   *für CD*
[2] http://www.praat.org

Teil I

Theoretische Grundlagen

1 Transkription und das IPA

Eine Lautschrift oder Transkription stellt eine Methode dar, die Klanggestalt gesprochener Äußerungen zu Papier zu bringen. Dafür werden Symbole verwendet, die ganz bestimmte, meist artikulatorische Bedeutungen haben. Das heutzutage am häufigsten verwendete Lautschriftsystem ist das Alphabet des Internationalen Phonetischen Vereins ("International Phonetic Association"), auch Internationales Phonetisches Alphabet oder IPA genannt[1].

Die International Phonetic Association hat sich mit dem IPA das Ziel gestellt, ein Inventar an Lautsymbolen zur Verfügung zu stellen, das für die Notation aller Sprachen der Welt geeignet ist. Diesem universellen Anspruch entsprechend erfolgten, resultierend aus der Arbeit an Hunderten von Sprachen über viele Jahrzehnte hinweg (die erste IPA-Fassung erschien 1888) mehrfach Erweiterungen und Modifikationen des Inventars.

Gleichzeitig wird der Handhabbarkeit wegen versucht, möglichst wenig Symbole zu verwenden. Verschiedene Lautsymbole werden primär für distinktive Segmente verwendet, d.h. zwei in einer Sprache bedeutungsunterscheidend wirkende Laute sollen durch zwei verschiedene Symbole dargestellt werden. Phonetisch ähnliche Laute, von denen nicht bekannt ist, dass sie distinktiv sind, werden mit einem Symbol wiedergegeben. Unterschiede werden durch Diakritika (Zusatzzeichen) ausgedrückt. Zu den IPA-Zeichen gehören Interpretationskonventionen, die im Anschluss, soweit sie für die Transkription des Deutschen Bedeutung haben, vorgestellt werden. Insgesamt sind sie im "Handbook of the International Phonetic Association. A guide to the use of the International Phonetic Alphabet" (International Phonetic Association 1999) dargestellt.

Die aktuelle IPA-Version ist auf Seite 6 abgedruckt. Eine klangliche Demonstration dieses Lautschriftinventars ist auf der Internetseite der International Phonetic Association abrufbar und liegt gesprochen von Wells und House (1995) auf CD vor.

Jedes Symbol im IPA wird mit einer Reihe artikulatorischer Eigenschaften verbunden. Bei Konsonanten sind die Grundeigenschaften, die ein Symbol beschreibt:

- die Stellung der Glottis (stimmhaft oder stimmlos);
- die Artikulationsstelle (wo ein Laut im Mund gebildet wird);
- die Artikulationsart (wie ein Laut produziert wird).

So beschreibt beispielsweise das Symbol [b] einen stimmhaften, bilabialen Plosiv.

---

[1]Die neueste Version des IPA können Sie immer unter folgendem URL finden:
http://www.arts.gla.ac.uk/IPA/ipa.html

DAS INTERNATIONALE PHONETISCHE ALPHABET (revidiert 2005)

KONSONANTEN (PULMONAL)

© 2005 IPA

	bilabial	labiodental	dental	alveolar	postalveolar	retroflex	palatal	velar	uvular	pharyngeal	glottal
Plosiv	p b			t d		ʈ ɖ	c ɟ	k g	q ɢ		ʔ
Nasal	m	ɱ		n		ɳ	ɲ	ŋ	N		
Vibrant	B			r					R		
Tap oder Flap		ⱱ		ɾ		ɽ					
Frikativ	ɸ β	f v	θ ð	s z	ʃ ʒ	ʂ ʐ	ç ʝ	x ɣ	χ ʁ	ħ ʕ	h ɦ
Lateralfrikativ				ɬ ɮ							
Approximant		ʋ		ɹ		ɻ	j	ɰ			
Lateralapproximant				l		ɭ	ʎ	L			

Treten Symbole paarweise auf, so ist das rechte stimmhaft. Schattierte Bereiche kennzeichnen Artikulationen, die als unmöglich betrachtet werden.

KONSONANTEN (NICHT-PULMONAL)

Clicks		stimmhafte Implosive		Ejektive	
ʘ	bilabial	ɓ	bilabial	ʼ	Beispiele:
ǀ	dental	ɗ	dental/alveolar	pʼ	bilabial
ǃ	(post)alveolar	ʄ	palatal	tʼ	dental/alveolar
ǂ	palatoalveolar	ɠ	velar	kʼ	velar
ǁ	alveolar lateral	ʛ	uvular	sʼ	alveolarer Frikativ

VOKALE

hoch   vorn   zentral   hinten
i•y ——— ɨ•ʉ ——— ɯ•u
ɪ ʏ   ʊ
obermittelhoch   e•ø —— ɘ•ɵ —— ɤ•o
untermittelhoch   ɛ•œ — ɜ•ɞ — ʌ•ɔ
æ   ɐ
tief   a•ɶ ——— ɑ•ɒ

Treten Symbole paarweise auf, so stellt das rechte einen gerundeten Vokal dar.

WEITERE SYMBOLE

ʍ	stimmloser labial-velarer Frikativ	ɕ ʑ	alveolo-palatale Frikative
w	stimmhafter labial-velarer Approximant	ɺ	alveolarer lateraler Flap
ɥ	stimmhafter labial-palataler Approximant	ɧ	gleichzeitig ʃ und x
ʜ	stimmloser epiglottaler Frikativ		Affrikate und Doppelartikulationen
ʢ	stimmhafter epiglottaler Frikativ		können durch zwei Symbole dargestellt werden, die durch
ʡ	epiglottaler Plosiv		einen Bogen verbunden werden: k͡p t͡s

SUPRASEGMENTALIA

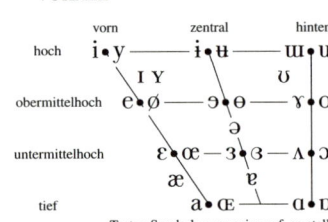

ˈ	Hauptbetonung
ˌ	Nebenbetonung ˌfoʊnəˈtɪʃən
ː	lang eː
ˑ	halblang eˑ
˘	sehr kurz ĕ
ǀ	kleine (Takt-)Gruppe
ǁ	große (Intonations-)Gruppe
.	Silbengrenze ɹi.ækt
‿	verbunden (ohne Zäsur)

DIAKRITIKA
Diakritika dürfen oberhalb von Symbolen mit Unterlänge platziert werden, z. B. ŋ̊

̥	stimmlos	n̥ d̥	̈ behaucht	b̤ a̤	̪ dental	t̪ d̪
̬	stimmhaft	s̬ t̬	̰ geknarrt	b̰ a̰	̺ apikal	t̺ d̺
ʰ	aspiriert	tʰ dʰ	̼ linguolabial	t̼ d̼	̻ laminal	t̻ d̻
̹	stärker gerundet	ɔ̹	ʷ labialisiert	tʷ dʷ	̃ nasaliert	ẽ
̜	schwächer gerundet	ɔ̜	ʲ palatalisiert	tʲ dʲ	ⁿ nasal gelöst	dⁿ
̟	vorverlagert	u̟	ˠ velarisiert	tˠ dˠ	ˡ lateral gelöst	dˡ
̠	rückverlagert	e̠	ˤ pharyngalisiert	tˤ dˤ	̚ nicht hörbar gelöst	d̚
̈	zentralisiert	ë	̴ velarisiert bzw. pharyngalisiert ɫ			
̽	mittelzentralisiert	ě	̝ gehoben	e̝ (ɹ̝ = stimmhafter alveolarer Frikativ)		
̩	silbisch	n̩	̞ gesenkt	e̞ (β̞ = stimmhafter bilabialer Approximant)		
̯	nichtsilbisch	e̯	̘ vorverlagerte Zungenwurzel	e̘		
˞	rhotaziert	ɚ a˞	̙ rückverlagerte Zungenwurzel	e̙		

TÖNE UND WORTAKZENTE

EBEN			KONTUR		
e̋ oder	˥	extrahoch	ě oder	ˇ	steigend
é	˦	hoch	ê	ˆ	fallend
ē	˧	mittel	é̌	˧˥	hoch steigend
è	˨	tief	è̌	˩˧	tief steigend
ȅ	˩	extra-tief	e᷈	˧˩˧	steigend-fallend
↓	Downstep		↗	globaler Anstieg	
↑	Upstep		↘	globaler Fall	

Bei Vokalen sind die Grundeigenschaften:

- Hebungsgrad der Zunge (wie hoch liegt die Zunge im Mund);
- Hebungsrichtung der Zunge (liegt die Zunge vorn oder hinten im Mund);
- Lippenbeteiligung (Lippen sind gerundet oder nicht).

Zum Beispiel beschreibt das Symbol [e] einen obermittelhohen, vorderen, ungerundeten Vokal.

Neben den großen Symbolen gibt es auch mehrere kleinere Symbole, die *Diakritika* genannt werden. Im Gegensatz zu den anderen Lautsymbolen beschreiben sie lediglich *eine* artikulatorische Eigenschaft und werden verwendet, um die Bedeutung der anderen Symbole zu verändern oder zu ergänzen. Zum Beispiel:

- Die IPA-Symbole für Vokale, Approximanten und Nasale gehen von stimmhaften Lauten aus. Häufig treten in deutschen Äußerungen solche Laute auf, die jedoch nicht stimmhaft, sondern geknarrt, behaucht oder stimmlos sind. Dieses können wir durch die Verwendung eines passenden Diakritikums jeweils anzeigen: [n̰] (=geknarrt), [n̥] (=stimmlos), [n̤] (=behaucht).

- Einige Diakritika dienen dazu, den Ort, der durch ein Symbol beschrieben wird, leicht zu verändern. Zum Beispiel ist der dorsale Plosiv in <Kiel> postpalatal oder prävelar, was mit [k̟] angezeigt werden kann. Die Zungenlage des Vokals im Wort <er> ist häufig weiter hinten und tiefer als [e], was mit [e̞] angegeben werden kann.

- Neben der durch das Symbol beschriebenen Artikulationsstelle kann durch Diakritika eine Sekundärartikulation beschrieben werden. Zum Beispiel wird ein Zungenlaut wie [ʃ] häufig labialisiert: [ʃʷ]. Der Zungenrücken kann unabhängig von der Zungenspitze sich dem harten Gaumen (Palatalisierung), bzw. dem weichen Gaumen (Velarisierung) nähern. Die Palatalisierung und die Velarisierung werden ebenfalls mit Diakritika angezeigt, z. B. [lʲ] (=palatalisiert) bzw. [lˠ] (=velarisiert).

Jede menschliche Äußerung ist lautlich äußerst komplex. Neben den Wörtern selbst können wir erkennen, ob ein Sprecher schnell oder langsamer spricht, ob er gerade einen Redebeitrag zu Ende bringt, welche Silben er akzentuieren will, ob er eine bestimmte regionale Färbung hat, usw. Unter sorgfältiger Verwendung der Symbole und Diakritika des IPA können wir viele dieser Details zu Papier bringen. Eine solche Transkription wird als *eng* bezeichnet. Die Transkriptionen der Gesprächsabschnitte ab S. 70 sowie die Merkmale der verschiedenen Varietäten ab S. 21 werden mit einer engeren Transkription illustriert.

Wollen wir lediglich zeigen, welche Konsonanten und Vokale in den Wörtern eines Satzes verwendet werden, reicht oft eine *breite* Transkription, wie es z. B. Aussprachewörterbücher tun. Die Transkriptionen der vorgelesenen Texte in diesem Buch sind eher breit, obwohl wir durch die Verwendung von bestimmten Diakritika auf systematische Aussprachemerkmale des Standarddeutschen hinweisen wollen, die dem Ausländer, aber auch dem nicht Standarddeutsch Sprechenden nicht geläufig sein mögen.

Für die phonetische Beschreibung einzelner Sprachen wird das IPA in modifizierter Form verwendet. Es werden zwei Modifikationen vorgenommen:

- Symbole werden mit einer ausführlicheren artikulatorischen Beschreibung verbunden als im IPA vorgesehen. Die häufigste Modifikation dieser Art ist eine präzisere Definition der Artikulationsstelle. Bei den meisten IPA-Konsonantensymbolen wird lediglich die passive Artikulationsstelle beschrieben, d. h. die Stelle, gegen die die Unterlippe oder die Zunge artikuliert. Bei wenigen Symbolen wie z. B. [f] wird jedoch in der Beschreibung *labiodental* sowohl das artikulierende Organ (labial) als auch der passive Artikulator (dental) beschrieben. Die Beschreibung des artikulierenden Organs kann aber für eine genauere Lautbeschreibung eine wichtige Ergänzung zur IPA-Beschreibung sein. So wird der Frikativ im Wort <Sonne> gewöhnlich mit dem Zungenblatt (=laminal) und nicht mit der Zungenspitze (=apikal) gegen den Zahndamm (=alveolar) produziert. Man verwendet weiterhin das IPA-Symbol [z] für diesen Frikativ, fügt jedoch das artikulierende Organ zur Symbolbeschreibung hinzu.

- Die Transkriptionssymbole werden beim Transkribieren einer konkreten Sprache mit leicht veränderter Bedeutung gegenüber dem IPA verwendet, meistens um die Verwendung von Diakritika zu vermeiden und somit die Transkription etwas zu erleichtern. Am häufigsten wird dieses bei der Transkription von Vokalen praktiziert. Die Vokallaute in Sprachen entsprechen nur selten den Qualitäten der Kardinalvokale im IPA und müssen in einer engen Transkription mit Diakritika modifiziert werden. So liegt die Zunge bei den Vokalen in <Stadt> und <Staat> zwischen den Kardinalvokalqualitäten [a] und [ɑ], d. h. [a̱] bzw. [ɑ̟]. In einer breiteren Transkription werden aber die Vokalsymbole ohne Diakritika verwendet, wohl wissend, dass diese eine andere qualitative Bedeutung als die IPA-Symbole haben.

Beispiele

Zur Illustration folgen kommentierte Transkriptionen einer möglichen standarddeutschen Äußerung der Phrase <der Tanzbär>:

Eng: Um die Aussprache eines Sprechers möglichst genau wiederzugeben, versucht man alle Details der Aussprache zu notieren:

[de̱ːɐ̯ ˈtʰãntsb̥ɛːɐ̯]

Der apiko-alveolare Plosiv am Anfang der Äußerung ist nicht stimmhaft ([d̥]). Der Vokal ist etwas zurückgezogen und tiefer als die IPA-Qualität ([e̱ː]). Der apiko-alveolare Plosiv am Anfang von <Tanz-> ist aspiriert. Der darauffolgende Vokal ist nasaliert und gegenüber der IPA-Qualität zurückgezogen ([ã̱]). Der bilabiale Plosiv am

Anfang von <-bär> ist nicht stimmhaft ([b̥]). Die Vokale der letzten Silbe werden geknarrt gesprochen ([ɛːɐ̯̃]).

Breit mit Zusätzen: In Lehrbüchern oder Varietätenbeschreibungen wird durch die Verwendung bestimmter Diakritika auf gewisse Aussprachemuster explizit hingewiesen. Auf andere vorhersagbare Details (in diesem Fall Aspiration bzw. Nasalität des Vokals) wird verzichtet:

[d̥eːɐ̯ ˈtantsb̥ɛːɐ̯]

Breit: Nahezu alle vorhersagbaren Details der Aussprache werden weggelassen. Diese Transkription kommt der eines Aussprachewörterbuchs am nächsten:

[d̥eːɐ̯ ˈtantsb̥ɛːɐ̯]

1.1 IPA-Lautschriftzeichen zur normativen Transkription standardsprachlicher Äußerungen des Deutschen

Um deutsche standardsprachliche Äußerungen normativ zu transkribieren, benötigt man zunächst nicht alle IPA-Zeichen. Die für das Deutsche wichtigsten Zeichen werden im Anschluss mit entsprechenden Wortbeispielen vorgestellt. Sie finden alle Wortbeispiele als Klangbeispiel auf der CD. Prägen Sie sich den Klang der Laute und das dazugehörige Lautschriftzeichen ein.

Vokale

[ʔ] fester Stimmeinsatz bei Vokalen im Anlaut (vgl. 4.6)
    <ab> [ʔap], <flussabwärts> [flʊsˈʔapvɛʁts]

[iː]	<bieten>	[ˈbiːtn̩]	[ɪ]	<bitten>	[ˈbɪtn̩]
[eː]	<beten>	[ˈbeːtn̩]	[ɛ]	<betten>	[ˈbɛtn̩]
[ɛː]	<bäten> (Konjunktiv)	[ˈbɛːtn̩]			
[yː]	<Hüte>	[ˈhyːtə]	[ʏ]	<Hütte>	[ˈhʏtə]
[øː]	<Höhle>	[ˈhøːlə]	[œ]	<Hölle>	[ˈhœlə]
[aː]	<Staat>	[ʃtaːt]	[a]	<Stadt>	[ʃtat]
[uː]	<spuken>	[ˈʃpuːkŋ̩]	[ʊ]	<spucken>	[ˈʃpʊkŋ̩]
[oː]	<Schote>	[ˈʃoːtə]	[ɔ]	<Schotte>	[ˈʃɔtə]
			[ə]	<bitte>	[ˈbɪtə]
			[ɐ]	<bitter>	[ˈbɪtɐ]

Diphthonge

[ae̯]	<nein>	[nae̯n]
[ao̯]	<Baum>	[bao̯m]
[ɔø̯]	<neu>	[nɔø̯]

Konsonanten

[p]	<Pein>	[paẹn]	[b]	<Bein>	[baẹn]
[t]	<Weite>	[ˈvaẹtə]	[d]	<Weide>	[ˈvaẹdə]
[k]	<Kunst>	[kʊnst]	[g]	<Gunst>	[gʊnst]
[f]	<fühlen>	[ˈfyːlən]	[v]	<wühlen>	[ˈvyːlən]
[s]	<reißen>	[ˈʁaẹsn̩]	[z]	<reisen>	[ˈʁaẹzn̩]
[ʃ]	<schön>	[ʃøːn]	[ʒ]	<Garage>	[gaˈʁaːʒə]
[ç]	<ich>	[ʔɪç]	[j]	<ja>	[jaː]
[x]	<ach>	[ʔax]			
[ʁ]	<Recht>	[ʁɛçt]	statt [ʁ] sind ebenfalls [ʀ, r, ɾ, ɹ]		
[h]	<hell>	[hɛl]	möglich (vgl. Kapitel 4.2)		

[m]	<am>	[ʔam]
[n]	<an>	[ʔan]
[ŋ]	<eng>	[ʔɛŋ]
[l]	<leiten>	[ˈlaẹtn̩]

Diakritika

[ʰ]	aspiriert	<Tante>	[ˈtʰantə]	(vgl. 4.10)
[ˈ]	keine Sprengung	<und die>	[ʔʊntˈ diː] statt [ʔʊnt diː]	(vgl. 4.7)
[ⁿ]	nasale Sprengung	<hatten>	[ˈhatⁿn̩]	(vgl. 4.8)
[ˡ]	laterale Sprengung	<Mantel>	[ˈmantˡl̩]	(vgl. 4.9)
[̯]	unsilbisch	<er>	[ʔeːɐ̯] statt <eher> [ˈʔeːɐ]	(vgl. 4.1)
[̩]	silbisch	<fließen>	[ˈfliːsn̩]	(vgl. 4.1)
[ː]	(volle) Länge			
[ˑ]	halbe Länge			

Pausen, Akzente

[|]	Pause	(vgl. 5.2)
[‖]	große Pause	(vgl. 5.2)
[ˈ]	Akzent	Beim Transkribieren von Wortreihen schreibt man bei mehrsilbigen Wörtern, um Verwechslungen zu vermeiden, jeweils vor der betonten Silbe den Wortakzent.

Beispiel: <umfahren> [ˈʔʊmfaːʁən], aber <umfahren> [ʔʊmˈfaːʁən].

In Sätzen und Texten transkribieren wir nur die tatsächlich realisierten Satzbetonungen (vgl. 5.1).
Beispiel: <Umfahren, nicht umfahren.> [ʔʊmˈfaːʁən |nɪçt ˈʔʊmfaːʁən ‖]

1.2 IPA-Lautschriftzeichen zur engen Transkription deutscher Äußerungen

Durch koartikulatorische Prozesse und situativ-stilistische Einflüsse entstehen unter günstigen prosodischen Bedingungen Laute, die wir in deutschen Äußerungen eigentlich nicht erwarten und die in herkömmlichen Beschreibungen des deutschen Lautsystems nicht vorkommen. Zu ihrer Darstellung benötigt man weitere Lautschriftzeichen und Diakritika. Solche, für die Transkription unserer Beispielaufnahmen verwendete IPA-Zeichen werden im Folgenden aufgeführt und akustisch durch Korpusbelege demonstriert. Für andere Korpora benötigt man vielleicht weitere Zeichen, die hier nicht aufgeführt und demonstriert sind. In diesem Fall verweisen wir auf das IPA-Gesamtinventar auf S. 6 bzw. International Phonetic Association (1999).

Die folgenden IPA-Zeichen finden Sie als Klangbeispiel auf der CD. Die vorangestellte Abkürzung verweist auf den Text, in dem sie vorkommen (vgl. S. 66).

Vokale

[ʉ]	HA10	<uns>
[ə]	HA03	<dann>
[ɵ]	SÄ01	<Flut>
[ɤ]	SÄ02	<Wasser>
[ɜ]	GJ22	<Vergleich>
[ɝ]	GU04	<irgendwie>
[æ]	HA02	<halb>
[ʌ]	SÄ03	<Meter>
[ɒ]	HA06	<Markt>

Konsonanten

Plosive

[ɢ]	SÄ01	<Flutgraben>

Nasalkonsonanten

[ŋ]	NM29	<Krankenhausaufenthalten>

Tap/Flap

[ɾ]	NM18	<oder>

Frikative

[β]	NT04	<Gitterstäbe>
[ð]	GJ30	<das>
[ɕ]	GS09	<sicher>
[ʑ]	HA04	<ich>

[j]	GJ30	<jeden>
[ɣ]	NM32	<Regelung>
[ɦ]	NM03	<haben>
[χ]	SW16	<Nachtdienst>

Approximant

[ʋ]	GJ30	<irgendwo>
[w]	SÄ02	<Wasser>
[ɹ]	SW07	<leiden>

Diakritika

[e̤]	behaucht	HA08	<nachher>
[ʊ̰]	laryngalisiert, Knarrstimme	NM03	<Untersuchungen>
[t̪]	dental	HA06	<Markt>
[ɔ̹]	stärker gerundet	GJ28	<Studenten>
[y̜]	weniger gerundet	HA01	<früh>
[k̟]	vorverlagert	HA03	<Frühstück>
[e̠]	rückverlagert	HA08	<später>
[ÿ]	zentralisiert	HA15	<weitergeführt>
[ĕ]	mittel-zentralisiert	HA26	<Fernsehfunk>
[zʷ]	labialisiert	GS01	<also>
[nˠ]	velarisiert	GU03	<fahren>
[ʌˁ]	pharyngalisiert	HA08	<verkaufen>
[ɔ̃]	nasaliert	GJ08	<eh>
[ɛ̝]	erhöht	HA08	<später>
[u̞]	erniedrigt	HA04	<dusch>
[mːː]	extra lang	HA02	<um>
[ɔ̆]	extra kurz	HA15	<meine>
[°h°]	inspiratorisch	GS06	<und ich>

Literaturempfehlungen zum IPA

International Phonetic Association (1999). *Handbook of the International Phonetic Association. A guide to the use of the International Phonetic Alphabet*. Cambridge.

Vieregge, W. H. (1989). *Phonetische Transkription. Theorie und Praxis der Symbolphonetik. Zeitschrift für Dialektologie und Linguistik, Beiheft* 60. Stuttgart: Steiner.

Wells, J. und J. House (1995). *The Sounds of the International Phonetic Alphabet*. London: Department of Phonetics and Linguistics, UCL. CD mit Beiheft.

2 Laut-Buchstabe-Beziehungen des Deutschen

Um Wörter und Texte festhalten zu können, liegt der deutschen Sprache, wie vielen anderen Sprachen auch, ein System zu Grunde, das sich aus verschiedenen Buchstaben, Interpunktionszeichen, Symbolen, Ziffern usw. zusammensetzt. Die Buchstabenschrift (Alphabet) basiert auf bestimmten Beziehungen zwischen den Einheiten der Schreibung (Buchstaben in < > Klammern) und den Einheiten der Aussprache (Laute/Phone in [ ] Klammern). Beim Erwerben der Schrift wird der Lernende zunächst die zu erlernenden Schriftzeichen auf die lautlichen Gegebenheiten der Sprache beziehen, so dass ein Schriftbild entsteht, das zwar annähernd die Aussprache wiedergibt, welches aber nicht den Regeln der Orthografie entspricht. Andererseits können z. B. ausländische Lerner durch die Betrachtung der Orthografie nicht automatisch auf die Aussprache Rückschlüsse ziehen. Die im Idealfall angestrebte eindeutige Zuordnung zwischen Buchstaben und Phonen wird häufig durchbrochen, so dass ein sehr vieldeutiges Netzwerk an Beziehungen zwischen dem Schriftbild und der Aussprache entsteht. Mehrfach sind im Deutschen einem Phon mehrere Buchstaben bzw. einem Buchstaben mehrere Phone zugeordnet. Folgendes Beispiel verdeutlicht dies:

Phon	Buchstabe	Beispiel
[k]	<k>	<kalt>
	<ck>	<hacken>
	<kk>	<Mokka>
	<g>	<lag>
	<gg>	<eggt>
	<x>	<Hexe>
	<ch>	<Christ>

Diese Vieldeutigkeit ist nicht willkürlich. Die deutsche Rechtschreibung folgt vielmehr verschiedenen Prinzipien (vgl. Klicpera und Gasteiger-Klicpera 1998, 9–11):

- Das phonologische Prinzip:
  Verschiedene, untereinander nicht bedeutungsunterscheidend wirkende Laute werden durch einen Buchstaben dargestellt.
  Beispiel: [ʀ r ʁ ɐ] werden als <r> geschrieben.

- Das morphematische Prinzip:
  Morpheme werden trotz veränderter Aussprache konstant geschrieben.
  Beispiel: [ve:k ve:gə] - <Weg, Wege>

- Das historische Prinzip:
  Schreibungen, die sich aus der mittelhochdeutschen Aussprache ableiten, die heute

verändert ist, werden beibehalten.
Beispiel: <sp> und <st> am Wortanfang, gesprochen [ʃp] und [ʃt]

- Das grammatikalische Prinzip:
  Beispiel: Substantive und substantivisch verwendete Wörter werden groß geschrieben.

- Das semantische Prinzip:
  Homophone, also gleich klingende Wörter werden der besseren Verständlichkeit wegen unterschiedlich geschrieben.
  Beispiel: <Wahl, Wal>

Auf die Erläuterung dieser Prinzipien und weiterer Leitlinien zur deutschen Orthographie soll hier verzichtet werden. Wir beschränken uns, dem Ziel dieser Einführung entsprechend, auf die Darstellung der wesentlichen Laut-Buchstaben-Beziehungen des Deutschen.

2.1 Vokale

Im Allgemeinen gilt für Wörter mit deutscher Herkunft, dass mit dem Unterschied der Vokalquantität (Langvokale wie [iː] und Kurzvokale wie [ɪ]) auch ein qualitativer Unterschied verbunden ist. Dabei lassen sich für einige Kurzvokale eindeutige Zuordnungen zu Buchstaben treffen, wobei den Vokalen [a], [ɪ], [ɔ], [ʊ], [œ] und [ʏ] jeweils ein Buchstabe zugeordnet wird: <a> für [a], <i> für [ɪ], <o> für [ɔ], <u> für [ʊ], <ö> für [œ] und <ü> für [ʏ]. Andere Vokale wie [ɛː], [ɛ], [uː], [øː] und [yː] haben jeweils zwei Entsprechungen, die entweder aus Einzelbuchstaben oder aus Buchstabenverbindungen bestehen, wie bspw. <e> und <ä> für [ɛ] oder <u> und <uh> für [uː]. Es gibt auch Vokale, denen drei Entsprechungen auf Schriftebene zugewiesen werden können. Dazu zählen [aː], [eː] und [oː], wie bspw. <o>, <oh> und <oo> für [oː]. Für [iː] finden sich gar vier Schreibweisen, nämlich <i>, <ie>, <ih> und <ieh>. Trotz dieser Polyrelationalität wird die Vokalquantität i. d. R. gekennzeichnet. Nerius (2000, 112) führt folgende Punkte an:

1. Folgt im Stammmorphem dem betonten Vokal kein Konsonant, so ist der Vokal lang.
2. Folgen dagegen zwei oder mehrere Konsonanten, so ist der Vokal kurz (von wenigen Fällen wie z. B. <Mond> abgesehen).
3. Folgt im Stammmorphem ein Konsonant, so wird die Vokallänge bzw. die Vokalkürze in vielen Fällen durch die Schreibung besonders gekennzeichnet.

Kennzeichnung der Vokalkürze

- Ist der betonte Vokal des Stammmorphems vor einem einzelnen Konsonanten kurz, so wird der Buchstabe für den Konsonanten verdoppelt. Dies betrifft Wörter mit deutscher Herkunft (tritt dies bei <kk> auf, so wird <ck> und tritt dies bei <zz> auf, so wird <tz> geschrieben).
  Beispiele: <Kamm>, <Kinn>, <Ruck>, <Katze>

Kennzeichnung der Vokallänge

- Ist der betonte Vokal des Stammmorphems vor einem einzelnen Konsonanten lang, so erfolgt die Kennzeichnung von [aː], [eː] und [oː] in einer kleinen Gruppe von Wörtern durch Verdoppelung des Vokals.

  Beispiele: <Staat>, <Beet>, <Boot>

- Das Phon [iː] wird in den meisten einheimischen Wörtern und in den Suffixen -ie, -ier und -ieren mit der Schreibung <ie> angezeigt. In Einzelfällen wird dafür auch <ih> oder <ieh> geschrieben.

  Beispiele: <Biene>, <Chemie>, <ihr>, <Vieh>

- Gehört der einzelne Konsonant nach langem betontem Vokal zur Gruppe [m, n, l, ʁ] so wird in vielen Fällen die Vokallänge durch ein Dehnungs-h angezeigt.

  Beispiele: <Kahn>, <Höhle>, <Lehre>, <Lehm>

Die eben aufgeführte Art der Regelbeschreibung wird von Ramers (1999, 53ff) als akzentbasierter Ansatz bezeichnet. Dabei trägt die Silbe mit dem Wortstamm im Deutschen i. d. R. den Wortakzent.

Demgegenüber steht ein Ansatz, der von Eisenberg (1986, 63ff) als silbenbasiert bezeichnet wird. Dabei werden Regularitäten der Vokalquantität von der Silbenstruktur ausgehend abgeleitet. Grundsätzlich werden folgende zwei Formen unterschieden:

- offene Silben (enden auf Vokal): der Vokal ist lang
  Beispiel: [ˈliːbə]

- geschlossene Silben (enden auf Konsonant): der Vokal ist kurz
  Beispiel: [lɪst]

Sind flektierte Formen möglich, die zu einer offenen Silbe führen, wird der Vokal als Langvokal realisiert, Es heißt z. B. <sagt> [zaːkt], weil man <sa|gen> ableiten kann.

Beide Herangehensweisen haben ihre Berechtigung und keine der Herangehensweisen kommt ohne die Angabe von Ausnahmen aus.

Diphthonge

Die Diphthonge sind einsilbige Verbindungen von zwei Vokalen, die sehr eng zueinander gehören. Da gewöhnlich jeder Vokal den Kern (Nukleus) einer separaten Silbe bildet, hier aber zwei Vokale zu einem Silbenkern verschmelzen und damit einer gemeinsamen Silbe angehören, wird der zweite Vokalteil des Diphthongs mit einem Unsilbigkeitszeichen [˯] markiert (vgl. 4.1). In der deutschen Standardaussprache existieren drei Diphthonge, denen unterschiedliche Schreibweisen zugeordnet werden:

- [ae̯] <ai, ei, eih, ey> wie in Laib, Feier, Weihe, Meyer
- [ao̯] <au, auh> wie in Raub, rauh und
- [ɔø̯] <eu, äu> wie in Leuchte oder Räuber.

2.2 Konsonanten

Wenn man die Laut-Buchstabe-Beziehungen der Konsonanten beschreiben will, so empfiehlt sich eine Einteilung der Konsonanten in Gruppen wie Plosive [p-b, t-d, k-g], Frikative
[f-v, s-z, ʃ-ʒ, ç-x, ʁ], Nasalkonsonanten [m n ŋ], [h] als glottalen Laut und [j l] als Approximanten. Typisch für die Gruppen der Plosive und teilweise auch der Frikative ist, dass
jeweils zwei Laute in Opposition zueinander stehen, die sich durch ihren Spannungsgrad
unterscheiden wie z. B. [p] gespannt gegen [b] ungespannt oder [f] gespannt gegen [v] ungespannt.

Die Plosive sind hinsichtlich ihrer Scheibweise am wenigsten kompliziert. Im Normal-
fall bildet die Schreibung die oben genannte Opposition zwischen Gespanntheit/fortis und
Ungespanntheit/lenis genau ab, d. h. [p t k] werden <p t k> und [b d g] werden <b d g>
zugeordnet. Eine Verdoppelung des Konsonanten, wie sie z. B. in <Kappe, hatten, packen>
zu finden ist, reflektiert keine phonetische Besonderheit des Konsonanten, sondern zeigt nur
an, dass der vorausgehende Vokal kurz gesprochen werden muss. Die einzige Besonderheit
bildet die Regel der Auslautverhärtung. Diese Regel besagt, dass <b d g> in der Silbenkoda
als [p t k] realisiert werden (vgl. 4.4).

Die Nasale [m n] und der Lateralapproximant [l] sind in Bezug auf ihre Schreibweise
den Plosiven ähnlich. Sie werden mit den entsprechenden Einzelbuchstaben <m n> bzw.
<l> abgebildet und eine Verdopplung der Buchstaben zeigt keine phonetische Besonder-
heit an, sondern verdeutlicht nur, dass der vorausgehende Vokal kurz gesprochen werden
muss. Anders verhält es sich mit dem Nasalkonsonanten [ŋ]. Er entwickelte sich aus der
neuhochdeutschen Schriftsprache durch Assimilation von [n] vor [g] und [k]. So lässt sich
auch seine Schreibung <ng> erklären (vgl. 4.12). Das Phon [ŋ] tritt im Gegensatz zu den
anderen Nasalkonsonanten nur in bestimmten Positionen auf:

- in der Silbenkoda nach Kurzvokal (z. B. <singen>);
- [n] vor [k] (z. B. <Bank>).

Die Frikative stellen in Bezug auf die Beschreibung von Laut-Buchstabe-Beziehungen
die komplizierteste Gruppe dar. Hier lässt sich oftmals keine 1:1 Abbildung zwischen den
einzelnen Ebenen herstellen. In vielen Fällen unterliegen die Frikative bestimmten distribu-
tionellen Besonderheiten, d. h. einzelne Laute können nur in bestimmten Silbenpositionen
auftreten. Dies kann man am Beispiel der Phone [s] und [z] erklären. Auf die Silbe bezogen
lässt sich als Regel formulieren, dass <s> im Onset einer Silbe als stimmhaftes [z] und in
der Silbenkoda als stimmloses [s] realisiert wird. Bei Schreibung von <ss> oder <ß> wird
unabhängig von der Silbenposition immer die stimmlose Variante [s] gesprochen.

Für die Frikative [f v] und [ç x] soll das Verhältnis von Schreibung und Aussprache in den folgenden Tabellen dargestellt werden. Dabei beziehen sich die Ausdrücke initial, medial und final auf den Wortanfang, die Wortmitte bzw. das Wortende.

Orthografische Wiedergabe des Frikativs [f]

Initial	Medial	Final
<f>, <v>	<f>, <ff>	<f>, <ff>, <v>
<füllen>, <Vater>,	<laufen>,	<Schaf>, <schroff>,
<ver->	<schaffen>	<Nerv>

Orthografische Wiedergabe des Frikativs [v]

Initial	Medial	Final
<w>	<w>, <v>	-
<Wasser>	<Möwe>, <brave>	-

Orthografische Wiedergabe des Frikativs [ç]

Morpheminitial	Nicht morpheminitial	
	nach vorderen Vokalen	nach [n l ʁ]
<ch>	<ch>	<ch>
<China>,	<mich>, <Bäche>	<manch>, <Dolch>,
<Frauchen>		<Storch>

Orthografische Wiedergabe des Frikativs [x]

Nach hinteren Vokalen und [a aː] im selben Morphem
<ch>
<Buch>, <rauchen>, <nach>, <Dach>

Unproblematischer hingegen ist die Verteilung anderer Frikative wie [ʃ ʒ j h]. Die geringste Distribution weisen [j] und [h] auf. Sie treten von wenigen Ausnahmen abgesehen nur vor dem Akzentvokal auf und werden mit den entsprechenden Buchstaben <j> und <h> abgebildet (z. B. <Jammer>, <Hut>). Der [ʃ]-Laut wird orthografisch durch die Buchstabenfolge <sch> (z. B. <schade>) und im Morphemanlaut vor [p] und [t] durch <s> abgebildet (z. B. <Spiel>, <Stiel>). Die stimmhafte Variante [ʒ] kommt im Deutschen nur in Wörtern fremder Herkunft vor. Dieses Phon gehört deswegen nur zur Peripherie des Systems der deutschen Phone. Auf orthografischer Ebene lässt es sich durch <g> (z. B. <Gelee>) oder <j> (z. B. <Journalist>) abbilden.

Abschließend bleibt die Betrachtung des R, welches im Deutschen je nach Silbenposition oder regionaler Herkunft unterschiedlich realisiert wird. Konsonantische R-Varianten können das [ʁ] durch <r, rr> und <rrh> dargestellt werden, wie etwa in <Rose>, <Herr> oder <Myrrhe>. Häufig wird der Buchstabe <r> jedoch vokalisiert als [ɐ] gesprochen (vgl. 4.2).

2.3 Affrikaten und ähnliche Konsonantenverbindungen

Die Affrikaten stellen innerhalb der Konsonanten eine besondere Gruppe dar. Es handelt sich dabei um eine Zusammensetzung aus einem Plosiv und einem Frikativ mit annähernd selber Bildungsstelle, die als Einheit (ähnlich wie die Diphthonge) betrachtet werden können. In der Regel weisen Schriftbild und Aussprache große Ähnlichkeiten auf. Beispiele hierfür sind [pf] <pf> wie in <Pferd>, [ps] <ps> wie in <Klops> oder [ks] <ks> wie in <links>. Leichte Differenzen zwischen Aussprache und Schreibung finden sich bei den Verbindungen [ts] <z, tz> wie in <Zeit>, <Katze>, [kv] <qu> wie in <Quelle> oder [ks] <x, chs, ks, cks> wie in <Hexe>, <wechseln>, <Keks> oder <zwecks>.

Die folgende Übersicht stellt alle Phone und deren Schreibweise noch einmal zusammenfassend dar.

Vokale – Monophthonge

[a] *kurz*	<a>	<Kamm>
[a:] *lang*	<a, aa, ah>	<baden, Staat, Kahn>
[i:] *lang*	<i, ih, ie, ieh>	<Igel, ihn, Biene, Vieh>
[ɪ] *kurz*	<i>	<Kinn>
[ʊ] *kurz*	<u>	<stumm>
[u:] *lang*	<u, uh>	<Bude, Buhne>
[ɛ] *kurz*	<e, ä>	<wenn, hält>
[e:] *lang*	<e, ee, eh>	<wen, Beet, Lehne>
[ɛ:] *lang*	<ä, äh>	<Bären, zäh> *wenn langvokal*
[ə] *kurz*	<e>	<Weite>
[ɐ]	<r , -er>	<Tür, weiter>
[ɔ]	<o>	<komm>
[o:] *lang*	<o, oo, oh>	<Mond, Boot, Wohl>
[ʏ]	<ü>	<bücken>
[y:] *lang*	<ü, üh>	<Übel, kühn>
[œ] *kurz*	<ö>	<können>
[ø:] *lang*	<ö, öh>	<Öfen, Höhle>

Vokale – Diphthonge

[ae̯]	<ei, ai, eih, ey>	<weil, Laib, Weihe, Meyer>
[ao̯]	<au, auh>	<Raub, rau>
[ɔø̯]	<eu, äu>	<Leuchte, Räuber>

Konsonanten

[l]	<l, ll>	<Mehl, hell>

[m]	<m, mm>	<Blume, kommen>
[n]	<n, nn>	<Hähne, kann>
[ŋ]	<ng, n vor k>	<singen, Bank>
[p]	<p, pp, b, bb>	<Pein, Trupp, Grab, schrubbt>
[b]	<b, bb>	<Bein, Robbe>
[t]	<t, tt, dt, d>	<Teer, hatten, Stadt, Rad>
[d]	<d, dd>	<Boden, Bodden>
[k]	<k, ck, g, gg, ch>	<kalt, hacken, lag, eggt, Christ>
[g]	<g, gg>	<gern, Roggen>
[f]	<f, ff, v>	<rufen, Neffe, Vater>
[v]	<w, v>	<Welle, Vase>
[s]	<s, ss, ß>	<las, hassen, heiß>
[z]	<s>	<reisen>
[ç]	<ch>	<weichen>
[j]	<j>	<ja>
[ʃ]	<sch, sp, st>	<schön, spät, stehen>
[ʒ]	<g, j>	<Gelee, Journalist>
[x]	<ch>	<hauchen>
[ʁ]	<r, rr, rh>	<hören, Narr, Myrrhe>
[h]	<h>	<hole>

Affrikaten und ähnliche Konsonantenverbindungen

[pf]	<pf>	<Pferd>
[ps]	<ps>	<Klops>
[ts]	<z, tz>	<Zeit, Katze>
[kv]	<qu>	<Quelle>
[ks]	<x, chs, ks, cks>	<Hexe, wechseln, Keks, zwecks>

✐ Übung: Transkribieren Sie die Beispielwörter zu den Vokalen, Diphthongen, Konsonanten, Affrikaten und Konsonantenverbindungen, die in den eben aufgeführten Tabellen jeweils in der rechten Spalte stehen. (Lösungen unter 12)

3 Varietäten und Variation

Betrachtet man die eigene Aussprache oder die seiner Kommunikationspartner und versucht sie zu transkribieren, wird man mit einer Vielzahl von Ausspracheformen, regionalen, situativen/stilistischen und individuellen Varianten konfrontiert. Es ergibt sich fast zwangsläufig die Frage nach falsch oder richtig bzw. nach der Einordnung und Bewertung von Varianten.

Im Folgenden soll in Anlehnung an Schönfeld (1985, 206–224) ein Modell des Varietätengefüges des Deutschen vorgestellt werden, das als Bezugsrahmen für die Einordnung von Varianten genutzt wird. Gleichzeitig dient dieses Varietätenschema als Hintergrund für die Erklärung sozialer, situativer und individueller Variation sowie die Diskussion der Bewertungsfrage.

Das heute gesprochene Deutsch tritt uns in drei koexistierenden nationalstaatlichen Formen entgegen: als Schweizer Deutsch, als Österreichisches Deutsch und als Bundesrepublikanisches Deutsch.

Wir beschränken unsere Überlegungen auf das in der BRD gesprochene Deutsch. Es weist eine historisch gewachsene große Variantenvielfalt und eine starke Binnengliederung auf. Diese ergibt sich zunächst aus der kommunikativen Reichweite, also der Größe des regionalen Geltungsbereichs, und umfasst drei Varietäten: die Standardaussprache, die Umgangssprachen und die Dialekte (vgl. Abb. 3.1). Die Abgrenzung der Varietäten voneinander ist in der Praxis oft schwierig, da die Übergänge zwischen ihnen fließend sind.

Die **Standardaussprache**, man könnte auch von einem National-Standard sprechen (Baßler und Spiekermann 2001, 2), ist eine überregionale, landschaftlich nicht beeinflusste Varietät. Ein Sprecher spricht Standarddeutsch, wenn nicht erkennbar ist, aus welcher Sprachlandschaft Deutschlands er stammt. Der Anteil der Standardsprecher ist gemessen an der Gesamtbevölkerung der BRD relativ klein, aber im Wachsen begriffen, u. a. bedingt durch die zunehmende Mobilität der Gesellschaft.

Die Standardaussprache besitzt ein hohes Sozialprestige. Bei Sprechern dieser Varietät wird zumeist ein höheres Bildungsniveau assoziiert (vgl. Huesmann 1998, 29 und 217f).

Sie umfasst verschiedene Stilebenen, die sich über unterschiedliche Präzisionsgrade der Aussprache ausdrücken. Standardaussprache z. B. beim Rezitieren klassischer Balladen unterscheidet sich von Standardaussprache im familiären Gespräch durch Häufigkeit und Grad von Lautschwächungen. Standardaussprache wird also nicht als einheitlich, sondern stilistisch variabel betrachtet (vgl. Krech et al. 1982, 73–77).

Die Norm der Standardaussprache ist nicht nur intern im Bewusstsein der Sprecher, sondern auch extern in Form von Kodizes, d. h. Aussprachewörterbüchern und phonetischen Regelbeschreibungen, gegeben (vgl. Duden 2000; Krech et al. 1982). Die Aussprachewörterbücher beschreiben allerdings nur einen speziellen Ausschnitt der Standardaussprache,

Abbildung 3.1: Varietätenmodell des Deutschen in der BRD

nämlich eine Aussprache, die dem nicht regionalen, formellen Vorlesen isolierter Wörter entspricht. Hinzu kommt, dass die Aussprache der Wörter nicht nur deskriptiv, sondern, mit sprachpflegerischer Absicht, auch präskriptiv geregelt wird. Die überregionale Aussprache im realen, kommunikativen Vollzug soll oder kann zum jetzigen Zeitpunkt nicht befriedigend berücksichtigt werden.

Eine regionale **Umgangssprache** wie Fränkisch, Schwäbisch, Thüringisch usw. spricht ein Sprecher, wenn der Großraum, aus dem er stammt, also die Herkunftsregion allgemein, erkennbar ist. Umgangssprachen können mit mehr oder weniger starker regionaler Färbung realisiert werden, also standard- oder dialektnäher sein.

Für alle Muttersprachler sind auch Umgangssprachen anderer Regionen gut verständlich. Der größte Teil der Bevölkerung spricht zum gegenwärtigen Zeitpunkt eine in unterschiedlichem Maße regional geprägte Umgangssprache.

Natürlich ist auch die Umgangssprache stilistisch variabel. Der Sprecher passt sich durch mehr oder weniger deutliche Aussprache, aber auch durch standardnähere oder dialektbeeinflusste Aussprache der Kommunikationssituation an.

Umgangssprachen sind nicht kodifiziert oder von außen normiert. Es gibt für sie also bis jetzt keine externen Normen. Empirisch gesicherte Beschreibungen liegen nur für einen Teil der Umgangssprachen vor (z. B. Froitzheim 1984; Langer 1990; Schönfeld 1983; Spangenberg 1998). Mihm (1998) unternimmt den Versuch, einen vorläufigen Überblick zu geben. Allerdings steuern auch beim Gebrauch einer Umgangssprache interne, zur sprachlichen Kompetenz gehörende Normen die Aussprache der Sprecher (vgl. Huesmann 1998, 17ff).

Gelegentlich wird der Begriff *Umgangssprache* statt für großräumige Regionalstandards für die Sprache des Miteinander-Umgehens, die Aussprache der face-to-face-Kommunikation verwendet (vgl. Wiesinger 1997, 10f; Scheutz 1999, 105f). Da in solchen Situationen aber sowohl überregional, etwas regional geprägt oder auch dialektal kommuniziert wird, erweist sich diese Begriffsverwendung als wenig hilfreich. Deshalb wird sie hier ausdrücklich ausgeschlossen. Um solche wiederkehrenden Missverständnisse zu vermeiden, wäre der Terminus *Regionalstandard* u. U. vorzuziehen (Baßler und Spiekermann 2001, 2f). Wegen der Verbreitung des Begriffs *Umgangssprache* wird trotzdem mit der anfänglich erläuterten Bedeutung an ihm festgehalten.

Die Abgrenzung von Standardaussprache und regionalen Umgangssprachen ist oft schwierig. Gelegentlich genügt eine vereinzelt vorkommende regionale Ausspracheform oder ein Melodieverlauf, um die Sprachlandschaft, aus der der Sprecher kommt, zu erkennen. Ist ansonsten die Äußerungsform überregional, ist die Zuordnung zu einer Varietät problematisch.

Die **Dialekte** haben im Vergleich zu den Umgangssprachen einen viel kleineren regionalen Geltungsbereich. So weist beispielsweise das Thüringische nach Spangenberg (1993, XV) neun Dialektgebiete auf, innerhalb derer noch weiter differenziert werden kann. Die regionale Prägung und damit Verschiedenartigkeit ist also sehr groß. Deshalb sind Dialekte auch für nicht Dialekt sprechende oder aus anderen Regionen kommende Muttersprachler zunächst nur eingeschränkt oder nicht verständlich. Das spricht für die stark eingeschränkte Verwendbarkeit von Dialekten.

Der Anteil der Dialekt sprechenden Bevölkerung nimmt ab. Geringere Bodenständigkeit, häufiger Umzug der Eltern, das frühe Verlassen des Heimatortes zur Schul- und weiterführenden Ausbildung sowie der Einfluss von Rundfunk und Fernsehen tragen u. a. dazu bei (Wiesinger 1997, 19f; Huesmann 1998).

Auch Dialektsprecher variieren die Aussprache situativ. Mit Fremden oder in offiziellen Situationen, bei Behörden oder vor einer Fernsehkamera wird in die stark regional geprägte Umgangssprache gewechselt. Der Sprecher meint, er spräche nun "Hochdeutsch".

Richtschnur für Lehre und Unterricht ist zunächst die **Standardaussprache** als überregionale nicht landschaftlich beeinflusste Lautung. Sie ist die Ausspracheform mit dem höchsten Sozialprestige und in allen Kommunikationssituationen verwendbar. Ihre Beschreibung sollte keine Fiktion und kein unerreichbares Ideal sein, sich auch nicht nur auf das Sprechen isolierter Wörter beziehen, sondern eine Gebrauchsnorm darstellen, die realisierbar und natürlich ist und sich an den Erfordernissen und Gegebenheiten der Sprechrealität orientiert.

Auch das GWdA (Krech et al. 1982, 12) und der Duden (2000, 34f) betrachten die Norm der Standardaussprache als überregionale Gebrauchsnorm, die sich an der Sprechwirklichkeit orientiert bzw. ihr nahe kommt. Anders als der Duden verstehen wir den Standard aber nicht als durch das Schriftbild bestimmt und auch nicht als einheitlich, also Varianten ausschließend. Beides ist mit dem Grundsatz der Orientierung an der Sprechwirklichkeit (ebenfalls Duden) unvereinbar.

Die Norm der Standardaussprache wird vielmehr als Norm oder Richtschnur für eine natürliche, stilistisch adäquate, also situativ variable Lautung verstanden. Sie beschreibt eine realitätsbezogene Sprechweise, die, aufgrund entsprechender Kommunikationserfahrung, erwartet und eher unauffällig ist und vom Kommunikationspartner als angemessen akzeptiert wird. Das ist durch **eine** Aussprecheform nicht leistbar und erfordert eine Differenzierung innerhalb der Standardaussprache. Wir schließen uns deshalb Meinhold (1973, 1986) an und unterscheiden zwei Stilebenen oder Präzisionsstufen überregionaler Aussprache: die gehobene phonostilistische Ebene und die phonostilistische Ebene des Gesprächs.

Die **gehobene phonostilistische Ebene** wird z. B. beim Rezitieren klassischer Lyrik oder Vortrag festlicher Reden gebraucht und ist eher selten zu hören.

Die breiter angelegte **phonostilistische Ebene des Gesprächs** ist dagegen die Ebene alltäglicher standardsprachlicher Kommunikation und reicht vom dialogisch gehaltenen Vortrag bis zum (überregional artikulierten) Gespräch.

Jeder Muttersprachler beherrscht aus dem Varietätenkontinuum einen mehr oder weniger großen Ausschnitt. Zumindest perzeptiv ist jeder durch den Kontakt mit den Massenmedien Rundfunk und Fernsehen mit der überregionalen Standardaussprache vertraut und würde aufgrund seiner perzeptiven standardsprachlichen Kompetenz regionale oder zu stark reduzierte, zu lässige Ausspracheformen als unangemessen und nicht situationsadäquat wahrnehmen.

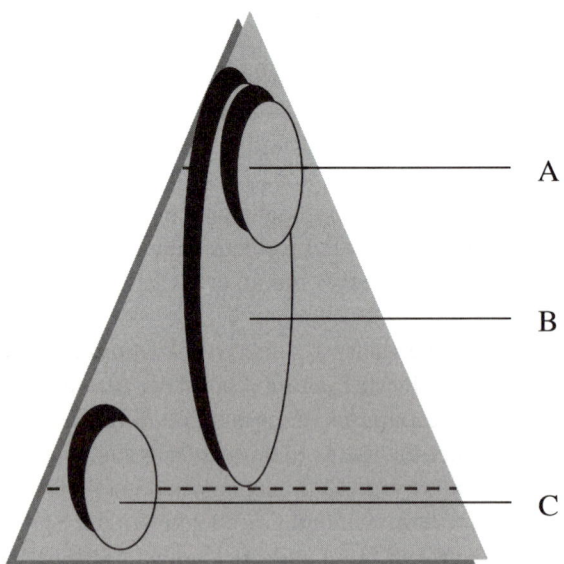

Abbildung 3.2: Aktive Varietätenkompetenz fiktiver Sprecher (A, B, C)

Die artikulatorische muttersprachlichen Kompetenz wird dagegen nur bei einem kleinen Teil der Bevölkerung die Standardaussprache einschließen. Bei solchen Standardsprechern handelt es sich zum Teil um Berufssprecher, die die standardsprachliche Artikulation im frühen Erwachsenenalter durch gezieltes Aussprachetraining bewusst erworben haben (vgl. in Abbildung 3.2 A). Das schließt nicht aus, dass sie neben dem Standard eine großräumig regionale Umgangssprache oder vielleicht sogar noch einen Dialekt beherrschen (vgl. in Abbildung 3.2 B).

Aber auch Personen, die nur eine Umgangssprache sprechen, verfügen über einen gewissen Ausschnitt aus dem Dialekt-Umgangssprachen-Kontinuum, aus dem sie je nach Situation eine mehr oder weniger standardnahe oder dialektnahe Ausspracheform wählen.

C in Abb. 3.2 könnte für die aktive Kompetenz eines Dialektsprechers oder einer Dialektsprecherin, z. B. einer älteren Bäuerin stehen, die über den Gartenzaun hinweg mit ihrer Nachbarin im heimatlichen Dialekt schwatzt, einem Fremden aber in vermeintlichem "Hochdeutsch" – d. h. stark dialektal geprägter Umgangssprache – eine Wegeauskunft erteilt.

Einen Überblick über den Varietätengebrauch in den "alten Bundesländern" gibt Huesmann (1998). Sie beschreibt als typisch für den Norden den Gebrauch einer standardnahen Umgangssprache, die in formellen Situationen standardnäher oder in informellen, eher privaten Situationen regionaler gefärbt ist. Diese situativ bestimmte Aussprachevariation innerhalb einer Varietät nennt sich Shifting. Den Süden beschreibt sie dagegen als signifikant dialektaler. In informellen Situationen wird häufig ein Dialekt gesprochen. In formellen Situationen wechselt man in eine standardnahe Umgangssprache. Diesen situativen Wechsel in eine andere Varietät bezeichnet Huesmann als Switchen.

Alle drei Varietäten können in bestimmten Situationen mit bestimmten Kommunikationspartnern optimal kommunikativ sein. Gerade Dialekte und regionale Umgangssprachen signalisieren regionale und soziale Zugehörigkeit und können sozial integrierend wirken und die Verständigung auf diese Weise begünstigen. Andere Situationen, das Rezitieren klassischer Dichtung oder Sprechen von Nachrichten, erfordern überregionale Standardaussprache. Auch für die Schulen, weiterführende Bildungseinrichtungen und den amtlichen Gebrauch fordern einige Bundesländer Standardaussprache.

Unbewusst richten wir uns nach diesen Erfordernissen, soweit unsere Kompetenz das erlaubt, und reagieren damit auf Raum, Ort, Zeit, Kommunikationspartner und Kommunikationsgegenstand. Wir benutzen unsere verschiedenen "Ausspracheregister" als Instrument sprachlichen Handelns um Kommunikationssituationen zu entsprechen, sie zu beeinflussen und auch um bestimmte Kommunikationsziele zu erreichen.

Der für den aktiven Gebrauch zur Verfügung stehende Varietätenausschnitt ist gleichzeitig Ausdruck der individuellen Sprachsozialisation, beeinflusst durch die regionale und soziale Herkunft, die jeweilige Bildungsbiografie und unsere Kommunikationserfahrungen in verschiedenen Kommunikationssituationen. Daneben prägen individuelle Eigenschaften wie motorische Geschicklichkeit und Sprechtemperament unsere Aussprache. Somit ist die Aussprache Teil unserer Visitenkarte, Ausdruck unseres Selbst und gleichzeitig Instrument sprachlichen Handelns.

Literaturempfehlungen

Duden (2000). *Duden. Aussprachewörterbuch.* Mannheim, Leipzig, Wien, Zürich.

Krech, E.-M., E. Kurka, H. Stelzig, E. Stock, U. Stötzer, und R. Teske (Hrsg.) (1982). *Großes Wörterbuch der deutschen Aussprache* (2 Aufl.). Leipzig: VEB Bibliographisches Institut.

Huesmann, A. (1998). *Zwischen Dialekt und Standard. Empirische Untersuchung zur Soziolinguistik des Varietätenspektrums im Deutschen.* Tübingen.

Schönfeld, H. (1985). Varianten, Varietäten und Sprachvariation. *Zeitschrift für Phonetik, Sprachwissenschaft und Kommunikationsforschung 38,* 206–224.

Teil II

Normative Transkription der deutschen Standardaussprache

4 Allgemeine Ausspracheregeln der Standardaussprache

Beim zusammenhängenden Sprechen reihen wir nicht Laut für Laut aneinander, sondern planen und realisieren größere Bewegungseinheiten, Wörter oder Wortgruppen. Da die Artikulationsorgane sich u. a. wegen ihrer unterschiedlichen Masse verschieden schnell bewegen und außerdem plötzliche, ruckartige Bewegungen sehr unökonomisch sind, bereiten Organe, die bei der Bildung eines Lautes nicht aktiv sind, schon den nächsten vor bzw. behalten die Position für einen bereits realisierten Laut noch bei. Bewegungen für die Bildung aufeinander folgender Laute überlagern sich auf diese Weise. Laute beeinflussen sich u. U. wechselseitig. Dieses Phänomen nennt man *Koartikulation* (Menzerath und Lacerda 1933).

Beispiel: Artikuliert man das Wort <Küche>, spürt man, dass die Lippenrundung für den Laut [y:] bereits bei [k] einsetzt. Dadurch verändert sich der Klang des [k] etwas. Es wird koartikulatorisch überformt und unterscheidet sich von den [k] in <Kachel, kichern, Kuchen, Kelch, Knödel>. Denkt man sich das jeweilige Wort und flüstert nur das [k], kann man die durch den Einfluss des Nachbarlautes bedingte Verschiedenartigkeit der K-Laute gut hören.

Die Auswirkungen von Koartikulation können minimal sein, so dass sie beim Transkribieren von uns zunächst vernachlässigt werden (wie in unserem Beispiel zu [k]). Sie können aber den Laut auch stark verändern: <leben> wird in der Regel im Gespräch als ['leːbm̩] gesprochen. Dabei ist [ə] ausgefallen (elidiert) und das [n] an das bilabiale [b] angeglichen (assimiliert).

Es gibt kein Sprechen ohne Koartikulation. Auf welche Art und Weise sie sich allerdings auf die Laute einer Sprache auswirkt, ist sprachspezifisch. In welchem Maße sie wirkt, wird auch durch die Sprechsituation festgelegt.

Gewisse koartikulatorische Prozesse sind im Deutschen obligatorisch. Sie finden immer statt, wenn gesprochen wird, sind Bestandteil des Deutschen und bestimmen seinen Klangcharakter. Sie liegen in Form von phonologisch-phonetischen Regeln vor und sind Teil der im Anschluss vorgestellten Ausspracheregeln.

Neben Regeln, die sich auf koartikulatorisch bedingte Prozesse zurückführen lassen, gibt es Gesetzmäßigkeiten der deutschen Standardaussprache, die nicht aus artikulatorischen Angleichungsprozessen resultieren. Sie spiegeln phonotaktische bzw. distributionelle Gegebenheiten des Deutschen wider, beziehen sich also auf den Silbenbau oder auf Auftretensbedingungen für Laute in bestimmten Silbenpositionen.

Im Folgenden werden alle wesentlichen, generell, also situationsunabhängig für die deutsche Standardaussprache geltenden Regeln des Deutschen erläutert. Entsprechende Transkriptionsübungen auf Wort- oder Wortgruppenebene schließen sich an.

4.1 Silbisch und unsilbisch

Die Silbe ist eine wichtige phonetische Bezugsgröße. Oft ist die konkrete Aussprache von Lauten von der Position des Lautes in der Silbe abhängig.

Die Silbe ist die kleinste rhythmische Einheit der Sprache. Wir sprechen jede einzelne Silbe sehr deutlich, wenn wir Abzählreime sprechen oder Verse skandieren.

Eine Silbe besitzt zunächst immer einen Silbenkern, den Nukleus. Der Nukleus ist der Teil der Silbe mit der größten sonoren Schallfülle. Die Laute mit der größten Schallfülle sind die Vokale. Sie wirken damit von Natur aus silbenbildend, das heißt sie sind in der Regel silbisch. Jeder Vokal bildet genau einen Nukleus und damit eine Silbe.

Konsonanten können sich an den Vokal anlagern. Innerhalb einer Silbe vor dem Vokal bilden sie den Onset, alle Konsonanten nach dem Vokal bilden die Koda der Silbe. Konsonanten sind wegen ihrer geringeren Schallfülle nicht silbenkonstituierend, in der Regel also unsilbisch.

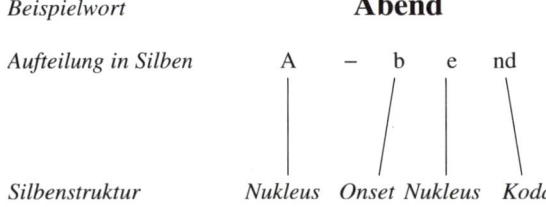

Abbildung 4.1: Silbenstruktur: Onset, Nukleus, Koda

Während die Vokale Lautstärkegipfel bilden, fällt die Intensität zu den Silbenrändern ab, so dass Intensitätsstufen oder Intensitätseinschnitte entstehen, die wir als gliedernde rhythmische Zäsuren empfinden.

Eine Silbe muss einen Nukleus besitzen, Onset und/oder Koda können aber fehlen.

Unsilbisch [̯]

Jeder einzelne Vokal bildet in der Regel genau einen Silbenkern.

Bildet ein Vokal ausnahmsweise keinen separaten Silbenkern, sondern verschmilzt mit dem unmittelbar vorangehenden Vokal zu einem gemeinsamen Nukleus, so ist er unsilbisch. Das Diakritikum [˯] bezeichnet die Unsilbigkeit. Oft ist nur durch dieses Zeichen zu unterscheiden, ob ein Wort einsilbig, also mit einem Druckgipfel, oder zweisilbig, also mit zwei Druckgipfeln, zu sprechen ist. Dieser Unterschied ist wesentlich, weil er bedeutungsunterscheidend wirkt.

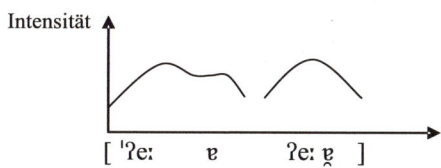

Abbildung 4.2: Intensität und Silbigkeit bei <eher> [ˈʔeːɐ] vs. <er> [ʔeːɐ̯]

Silbisch [ˌ]

Konsonanten sind wegen der geringeren Schallfülle in der Regel nicht silbenbildend. Sie sind unsilbisch. Werden Konsonanten doch zu Silbenkernen, werden sie also silbisch, wird das durch das Diakritikum [ˌ] bezeichnet.

Nur Konsonanten mit relativ großer sonorer Schallfülle, das sind [m n ŋ l], können silbisch werden. Dies geschieht nur nach Ausfall des [ə] in den Suffixen <-en, -em, -el> nach Plosiven und Frikativen. Nach Plosiven (und gelegentlich auch nach [x]) kommt es gleichzeitig zu einer Angleichung der Bildungsstelle des Nasalkonsonanten an den vorangehenden Plosiv.

Beispiele:

<wissen>	[ˈvɪsn̩]
<lachen>	[ˈlaxn̩] oder [ˈlaxŋ̍]
<schaffen>	[ˈʃafn̩]
<werden>	[ˈveːɐ̯dn̩]
<hatten>	[ˈhatn̩]
<haben>	[ˈhaːbm̩]
<Kappen>	[ˈkapm̩]
<wegen>	[ˈveːgŋ̍]
<Haken>	[ˈhaːkŋ̍]
<mit kurzem Mantel>	[mɪt kʊɐtsm̩ ˈmantl̩]

Fällt das Suffix-[ə] nach Vokalen, Nasalkonsonanten, [l] oder [ɐ] aus, geht eine Silbe verloren und der folgende Konsonant wird nicht silbisch!

Beispiele:

    <gehen>   [g̊eːn]

    <kennen>   [kɛn]   oder   [kɛnː]

    <wollen>   [vɔln]

    <hören>   [høːɐ̯n]

> **Merke:** Jede Silbe hat in der Regel einen Vokal.
> In Silben mit zwei Vokalen ist der zweite Vokal unsilbisch ([�‿]).
> In Silben ohne Vokal wird [n m ŋ] oder [l] silbisch ([ˌ]).

⊛ Übung und Tonbeispiel 6.1

4.2 R-Vokalisation

Die Aussprachekodifizierung von <r> hat sich im Laufe des letzten Jahrhunderts stark verändert. Zu Beginn des 20. Jahrhunderts wurde für <r> in allen Positionen die Realisation eines Zungenspitzen-R ([r]) gefordert. Auf der Bühne und auch in der Schule war der apikale Schwirrlaut die verbindliche R-Form (Siebs 1898, 51).

Im Laufe des 20. Jahrhunderts hat sich die Akzeptanz anderer R-Formen bis hin zum Reduktionsvokal immer mehr durchgesetzt. Heute finden wir apikale Schwirrlaute eher selten, und zwar eher in regional geprägten Äußerungen. In der Standardaussprache dominieren frikative Realisationen ([ʁ]) und Vokalisationen ([ɐ]).

Für die Aussprache von <r> ist u. a. die Position in der Silbe bestimmend (zu Silbenaufbau und Teilen der Silbe vgl. unter 4.1). Die Bezugsbasis für die unten stehenden Regeln ist also immer die Silbe.

Grundsätzlich gilt, dass im Onset der Silbe, also in einer Silbe vor dem Vokal, immer konsonantische R, am besten [ʁ], transkribiert werden. In der Koda, innerhalb einer Silbe nach dem Vokal, wird entweder [ʁ] oder der Reduktionsvokal [ɐ] gesprochen. Die Regeln für die Vokalisation werden im Folgenden dargestellt.

In folgenden Positionen wird <r> als vokalisches [ɐ] bzw. unsilbisches [ɐ̯] realisiert:

1. Steht **<r> nach einem Langvokal in der Silbenkoda** derselben Silbe, so wird es vokalisiert. Da [ɐ] in allen diesen Fällen der zweite Vokal der Silbe ist, wird er unsilbisch ([ɐ̯]).

Beispiele:

    <Meer>   [meːɐ̯]   aber   <Meere>   ['meːʁə]

    <Tür>   [tyːɐ̯]   aber   <Türen>   ['tyːʁən]

    <schwer>   [ʃveːɐ̯]   aber   <schwerer>   ['ʃveːʁɐ]

    [ʁ] bildet hier den Onset einer zweiten, nicht zu [eː] bzw. [yː] gehörenden Silbe.

2. Die **Präfixe** <er-, ver-, zer-, her-> werden mit Reduktionsvokal realisiert. Dabei sind eine längere Form mit zwei Vokalen und eine kürzere Form, die bei schnellerem Sprechen entsteht, möglich:

    <er->   ['ʔɛɐ̯]   oder   [ʔɐ]

    <ver->   [fɛɐ̯]   oder   [fɐ]

    <zer->   [tsɛɐ̯]   oder   [tsɐ]

    <her->   [hɛɐ̯]   oder   [hɐ]

Beispiele:

    <erledigen>   [ʔɛɐ̯'leːdɪgən]   oder [ʔɐ'leːdɪgən]

    <verlangen>   [fɛɐ̯'laŋən]   oder [fɐ'laŋən]

    <zerschneiden>   [tsɛɐ̯'ʃnae̯dən]   oder [tsɐ'ʃnae̯dən]

    <hervor>   [hɛɐ̯'foːɐ̯]   oder [hɐ'foːɐ̯]

    aber <herein>   ['hɛʁae̯n]

3. Das **Suffix** <-er> wird, wenn es innerhalb einer Silbe steht, unisegmental als Reduktionsvokal realisiert. Ist es auf zwei Silben verteilt, wird es bisegmental als [əʁ] gesprochen.

Beispiele:

    <weiter>   ['vae̯tɐ]   aber <weitere>   ['vae̯təʁə]

    <klettern>   ['klɛtɐn]   <du kletterst>   [duː 'klɛtɐst]

                aber   <ich klettere>   [ʔɪç 'klɛtəʁə]

    Trifft keine der drei Regeln zu, ist ein konsonantisches R, am besten [ʁ], zu sprechen.

Merke:

- Im Silbenonset vor dem Vokal erscheint immer [ʁ].
- Nach Langvokal in der Silbenkoda und in den Präfixen <er-, ver-, zer-, her-> wird <r> als Reduktionsvokal [ɐ] realisiert.
- Steht das Suffix <-er> innerhalb *einer* Silbe, wird es ebenfalls zum Reduktionsvokal.

Im standardsprachlichen Gespräch schreitet die R-Vokalisation in der Koda noch weiter voran (vgl. S. 71, 5).

🌐 Übung und Tonbeispiele 6.2

4.3 S-Laut-Realisation

Standardsprachlich erscheint im Onset von Silben am Wortanfang (absoluter Anlaut) in deutschen Wörtern immer [z] (Ternes 1999, 189). Im Onset von Silben innerhalb von Wörtern (das bedeutet zwischen Vokalen) kann [z] oder [s] auftreten: <weise> [vae̯zə] - <weiße> [vae̯sə]. In der Koda wird immer das Fortis [s] gesprochen (vgl. Auslautverhärtung).

In vielen Regionen Deutschlands wird nicht zwischen stimmhaftem und stimmlosem S unterschieden. Es wird stattdessen immer ein stimmloses Fortis-S gesprochen. Hieraus ergeben sich oft Probleme bei der standardsprachlichen S-Laut-Transkription. In diesem Fall kann aus der Schreibweise und der Position des S-Lautes in der jeweiligen Silbe auf den richtigen standardsprachlichen S-Laut geschlossen werden: Bei Schreibung eines einfachen <s> wird dieser Laut im Onset einer Silbe als [z], in der Koda einer Silbe als [s] gesprochen.

Beispiele:

<Su-si>	['z̥uː - ziː] (vgl. 4.5)
<See-rei-se>	['z̥eː - ʁae̯ - zə]
<das>	[d̥as]
<los>	[loːs]

Schreibt man hingegen ein <ß> oder <ss>, ist immer ein stimmloses [s] zu realisieren. Beispiele:

<lassen>	['lasn̩]
<weiß>	[vae̯s]

Merke: Steht <s> in einer Silbe vor dem Vokal, sprich [z]; nach dem Vokal sprich [s]; <ss> oder <ß> stehen immer für [s].

🌐 Übung und Tonbeispiele 6.3

4.4 Auslautverhärtung

Die Lenis-Plosive [b d g] und die Lenis-Frikative [v z ʒ] werden in der Silbenkoda zu Fortes und als [p t k] bzw. [f s ʃ] realisiert.

Die Fortisierung tritt nicht nur im absoluten Auslaut ein, sondern trifft für die gesamte Silbenkoda zu. Weitere Konsonanten können also noch folgen (Beispiel: <selbst> [zɛlpst]).

Beispiele:

<Weg>	[veːk]
<Ausweg>	[ˈʔaɔs̯veːk]
<Wegstrecke>	[ˈveːkʃtʁɛkə]
<unwegsam>	[ˈʔʊnveːkza̯ːm]
<du lebst>	[d̥uː ˈleːpst]
<er lebt>	[ʔeːɐ̯ ˈleːpt]
aber	
<Wege>	[ˈveːgə]
<Wegezeit>	[ˈveːgətsae̯t]
<ich lebe>	[ʔɪç ˈleːbə]

Ausnahme: Folgen auf [b d g] im Wortstamm [l], [ʁ] oder [n] und folgt auf diese Lautverbindung ein Suffix, tritt keine Auslautverhärtung ein.

Beispiele:

<Wandlung>	[ˈvandlʊŋ]	vs.	<Wandleuchte>	[ˈvantlɔø̯çtə]
<Handlung>	[ˈhandlʊŋ]	vs.	<handlich>	[ˈhantlɪç]
<Radler>	[ˈraːdlɐ]	vs.	<radlos>	[ˈraːtloːs]
<übrig>	[ˈʔyːbʁɪç]	vs.	<üblich>	[ˈʔyːplɪç]
<leugnen>	[ˈlɔø̯gnən]	vs.	<Zeugnis>	[ˈtsɔø̯knɪs]

> Merke: [b d g] und [v z ʒ] werden in der Silbenkoda als [p t k] und [f s ʃ] realisiert – außer es folgen [l, ʁ, n] im Wortstamm vor einem Suffix.

⊕ Übung und Tonbeispiele 6.4

4.5 Progressive Stimmlosigkeitsassimilation

Zur Realisierung stimmloser Fortis-Plosive und Fortis-Frikative steigt der Ausatemluftdruck etwas an. Nach diesen Lauten muss es zunächst zu einem Druckausgleich zwischen der Luft unter- und oberhalb der Glottis kommen. Das kann den Beginn der Stimmbandschwingung bei nachfolgenden stimmhaften Lauten erschweren – besonders bei stimmhaften Lenis-Plosiven und stimmhaften Lenis-Frikativen.

Hieraus hat sich die Regel der progressiven Stimmlosigkeitsassimilation entwickelt. Sie besagt, dass die stimmhaften Lenis-Plosive [b d g] und die stimmhaften Lenis-Frikative [z ʒ] nach Pausen und stimmlosen Lauten stimmlos realisiert werden. Der folgende Laut gleicht sich also an den vorangehenden in Bezug auf die Stimmbeteiligung an. Er wird progressiv assimiliert.

(Bei den Lenis-Frikativen [v] und [ʁ] und gelegentlich beim Approximanten [j] tritt Stimmlosigkeit nach Pausen oder stimmlosen Lauten nicht so regelmäßig und individuell in unterschiedlichem Maße ein. Sie ist hier fakultativ.)

Beispiele:

<auf das Dach>	[ˈʔao̯f das ˈdax]
<die Absicht>	[d̥iː ˈʔapz̥ɪçt]
<der Ausgang>	[d̥eːɐ̯ ˈʔao̯sg̊aŋ]

> Merke: [b d g] und [z ʒ] werden nach Pausen und nach [p t k f s ʃ ç x] stimmlos als [b̥ d̥ g̊] bzw. [z̥ ʒ̊] gesprochen.

💿 Übung und Tonbeispiele 6.5

4.6 Fester Stimmeinsatz [ʔ]

Beginnt eine deutsche Silbe mit einem Vokal, so beginnt die Stimmbandschwingung aus dem Vollverschluss der Glottis. Die Stimmbänder legen sich also aneinander, Ausatemluft staut sich unter ihnen und der Druck steigt an. Der Stimmbandverschluss wird dann explosionsartig gesprengt, wobei ein Sprenggeräusch, das *glottal-stop* oder *Knacklaut* oder *fester Stimmeinsatz* genannt wird, entsteht. Der feste Stimmeinsatz stellt also die spezifische Art des Vokalbeginns aus der Vollverschlussphase der Stimmlippen heraus dar. Das Knacken signalisiert, dass eine Silbe beginnt.

Zunächst ist der feste Stimmeinsatz in folgenden Positionen immer zu transkribieren:

- wortinitial: <Abend> [ˈʔaːbm̩t]

- in der Wortfuge bei Komposita: <Sommerabend> [ˈz̥ɔmɐʔaːbm̩t]

- nach Präfixen: <beachten> [b̥əˈʔaxtn̩]

Vokale im Anlaut von unbetonten Suffixen setzen nicht mit festem Stimmeinsatz ein (<Seher> [zeːɐ̯], <Ruhe> [ʁuːə]).

Weiterhin sollte innerhalb von Fremdwörtern kein fester Stimmeinsatz realisiert werden.

> Merke: Vokale wortinitial, silbeninitial in der Wortfuge bei Komposita und nach Präfixen beginnen mit festem Stimmeinsatz [ʔ].

💿 Übung und Tonbeispiele 6.6

4.7 Explosionsverlust

Folgen zwei Plosive aufeinander, die an derselben Stelle gebildet werden (homorgane Plosive) wie [pb td kg] oder [pp tt kk], dann verliert der erste Plosiv seine Explosionsphase und wird nur unvollständig realisiert. Dieses Phänomen wird mit folgendem Diakritikum transkribiert: [ˈ]. Im Gespräch tritt der Explosionsverlust häufig auch bei nicht homorganen Plosiven ein.

Beispiele:

<und die>	[ʔʊnt˺ d̥iː]
<ab Berlin>	[ʔap˺ b̥ɛʁˈliːn]
<glaub Peter>	[g̊laɔp̥˺ ˈpeːtɐ]

Merke: Folgen zwei homorgane Plosive aufeinander, tritt Explosionsverlust ein [˺].

🌐 Übung und Tonbeispiele 6.7

4.8 Nasale Sprengung

Plosive werden vor dem jeweiligen homorganen Nasalkonsonanten nicht oral, sondern nasal gesprengt. Das bedeutet, dass die Verschlussphase des Plosivs durch Senken des Velums beendet wird. Durch die Freigabe der Nasenpassage wird auf diese Weise zum homorganen Nasalkonsonanten übergeleitet. Die nasale Sprengung tritt bei [p] und [b] vor [m], [t] und [d] vor [n] und [k] und [g] vor [ŋ] ein und wird mit dem Diakritikum [ⁿ] dargestellt. Die nasale Sprengung wird beim Transkribieren nicht immer mitgeschrieben. Vor allem die Endsilbenassimilation von <-en> wird zur Vereinfachung der Transkription meist ohne das Anzeigen der nasalen Sprengung transkribiert.

Beispiele:

<hatten>	[hatⁿn̩]	oder [hatn̩]
<Halbmond>	[ˈhalpⁿmoːnt]	oder [ˈhalpmoːnt]
<wecken>	[ˈvɛkⁿŋ̩]	oder [ˈvɛkŋ̩]

Merke: Folgt einem Plosiv ein homorganer Nasalkonsonant, wird der Plosiv nasal gesprengt [ⁿ].

🌐 Übung und Tonbeispiele 6.8

4.9 Laterale Sprengung

Stehen [t] oder [d] vor [l], so werden sie nicht oral, sondern lateral gesprengt. Die laterale Sprengung wird durch folgendes Diakritikum angezeigt [ˡ]. Die Zungenspitze hält dabei den Kontakt zu den Alveolen. Lediglich der seitliche Zungensaum senkt sich beim Übergang von [t] bzw. [d] zu [l] ab, so dass die gestaute Ausatemluft seitlich über die Zungenränder ausströmt. Zur Vereinfachung der Transkription wird die laterale Sprengung meistens nicht angezeigt.

Beispiele:

<Handlung>	[ˈhandˡlʊŋ]	oder [ˈhandlʊŋ]
<Vermittlung>	[fɛɐ̯ˈmɪtˡlʊŋ]	oder [fɛɐ̯ˈmɪtlʊŋ]

Merke: Folgt auf [d] oder [t] ein [l], werden die Plosive lateral gesprengt [ˡ].

⊕ Übung und Tonbeispiele 6.9

4.10 Aspiration

Während der Verschlussphase eines Fortisplosivs ist die Glottis geöffnet (=stimmlos). Eine Fortsetzung der Stimmlosigkeit nach der Sprengung des Plosivverschlusses in den Vokal hinein wird als **Aspiration** wahrgenommen und mit [ʰ] transkribiert. Im Standarddeutschen ist die Länge der Aspirationsphase vom Kontext abhängig. Fortisplosive im absoluten Silbenanlaut von betonten Silben werden am stärksten aspiriert. Fortisplosive im Anlaut von schwächer betonten oder unbetonten Silben werden schwächer aspiriert bzw. nicht aspiriert. Nach den Frikativen [s ʃ] werden Fortisplosive ebenfalls nicht aspiriert.

Aspiration können Sie spüren: Halten Sie den Handrücken direkt vor den Mund, während Sie Wörter mit unterschiedlicher Aspirationsstärke sprechen. Die Aspiration ist als kleiner Luftstoß auf dem Handrücken spürbar. Vergleichen Sie die Fortisplosive in

(a) <These> (stark) und <Sitte> (schwach),

(b) <Pass> (stark) und <Spaß> (unaspiriert, vgl. unten).

Beispiele:
Im Anlaut in betonten Silben (stärkste Aspiration)
<verpasst>   [fɛɐ̯ˈpʰast]
<die Tasse>   [diː ˈtʰasə]
<bekommen>   [bə̥ˈkʰɔmən]

Im Anlaut in unbetonten Silben (unaspiriert bzw. schwache Aspiration)
<Sippe>   [ˈzɪpə]
<Ratte>   [ˈʁatə]
<Bäcker>   [ˈbɛ̥kɐ]

Im Silbenanlaut nach den Frikativen [s, ʃ] (unaspiriert)
<Späße>   [ˈʃpɛːsə]
<Staaten>   [ˈʃtaːtn̩]
<Skat>   [skaːt]

Merke: Fortisplosive werden im absoluten Anlaut betonter Silben aspiriert ([ʰ]).

Um eine Überfrachtung mit Diakritika zu vermeiden, wird in den Übungen zur normativen Transkription die Aspiration nicht notiert.

4.11 Realisation von <ig>

Steht das Suffix <ig> im absoluten Auslaut (es folgt kein weiterer Laut) oder vor einem Konsonanten, wird es als [ɪç] realisiert. Folgt dem Suffix allerdings ein Vokal, wird es als [ɪg] gesprochen. Diese unterschiedlichen Realisationen kann man an den Komparationsformen studieren:

Positiv	<wenig>	[ˈveːnɪç]	Auslaut
Komparativ	<weniger>	[ˈveːnɪgɐ]	es folgt ein Vokal
Superlativ	<am wenigsten>	[ʔam ˈveːnɪçstn̩]	es folgt ein Konsonant

Ausnahme: Folgt im folgenden Morphem ein weiteres [ç], spricht man [ɪk], z.B. <lediglich> [ˈleːdɪklɪç], <Königreich> [ˈkøːnɪkʁaeç].

Merke: <ig> wird als [ɪç] gesprochen. Nur vor Vokalen realisiert man [ɪg].

💿 Übung und Tonbeispiele 6.10

4.12 Realisation von <ng> und <nk>

Innerhalb eines Morphems steht die Buchstabenverbindung <ng> für den Laut [ŋ]. Gehören aber <n> und <g> verschiedenen aufeinander folgenden Morphemen an, spricht man [ng].
Beispiele:

<lange>	[ˈlaŋə]
<bange>	[ˈba̰ŋə]
<schwingen>	[ˈʃvɪŋən]
aber	
<ungenau>	[ˈʔʊngənao̯]
<angelangt>	[ˈʔangəlaŋt]

Die Buchstabenverbindung <nk> steht innerhalb eines Morphems für die Lautverbindung [ŋk]. Gehören <n> und <k> verschiedenen aufeinander folgenden Morphemen an, spricht man [nk].
Beispiele:

<Bank>	[ba̰ŋk]
<hinken>	[ˈhɪŋkən]
<Krankheit>	[ˈkʁaŋkhae̯t]
aber <unklug>	[ˈʔʊnkluːk]
<anklagen>	[ˈʔanklaːgn̩]

Merke: Innerhalb eines Morphems werden <ng> als [ŋ], <nk> als [ŋk] gesprochen.

⊕ Übung und Tonbeispiele 6.11

4.13 Zur Aussprache von Fremdwörtern

4.13.1 Vokalrealisation

Viele Aspekte der vorgeschriebenen Aussprache von Fremdwörtern bereiten Sprechern des Deutschen einige Probleme, bzw. die umgangsprachliche Aussprache von vielen Fremdwörtern unterscheidet sich in einigen Punkten von der vorgeschriebenen Norm.

Vokalqualität

Der komplizierteste Aspekt von Fremdwörtern ist die Aussprache der Vokale. Allgemein gilt: In unbetonten offenen Silben (offene Silben enden auf Vokal) werden die Vokale kurz, aber gespannt gesprochen.
Beispiele:

    <elegant>   [ʔeleˈɡant]
    <Mephisto>   [meˈfɪsto]
    <Zitrone>   [tsiˈtʁoːnə]
    <holistisch> [hoˈlɪstɪʃ]

    Auch in einigen deutschen Wörtern befinden sich gespannte kurze Vokale, wie z. B. in <vielleicht, sofort, lebendig> [fiˈlaɛ̯çt, z̥ofoʁt, lebɛndɪç].
    Folgen dem Vokal jedoch zwei oder mehr Konsonanten im selben Stamm, ist die Silbe geschlossen, und sie wird mit kurzem ungespanntem Vokal gesprochen, also als [ɛ, ɔ, ʊ] usw. ohne Länge.
Beispiele:

    <Person>   [pɛʁˈzoːn]
    <Toxin>   [tɔkˈsiːn]

    Ob es sich um eine geschlossene oder offene Silbe handelt, wird gelegentlich im Schriftbild durch Konsonantenverdopplung ausgedrückt. Folgt dem Vokal ein Doppelkonsonant, handelt es sich um eine geschlossene Silbe, der Vokal ist kurz und ungespannt.
Beispiele:

<Komitee>	*vs.*	<Kommission>
[komiˈteː]		[kɔmɪsˈjoːn]
<vital>	*vs.*	<quittieren>
[viˈtaːl]		[kvɪˈtiːʁən]

Vokalsequenzen und der feste Einsatz

In deutschen Wörtern werden Vokale im absoluten Silbenanlaut mit einem festen Einsatz produziert (vgl. Kapitel 4.6). In Vokalsequenzen innerhalb von Fremdwörtern jedoch ist kein fester Einsatz zu realisieren, sondern es soll ein fließender Übergang zwischen den Vokalen gesprochen werden.
Beispiele:

<Chaos>	[ˈkaːɔs]
<Theater>	[teˈaːtɐ]
<Beate>	[b̥eˈaːtə]
<Michael>	[ˈmɪçael]

Durch den Drang zur Eindeutschung wird aber häufig gerade in solchen Vokalverbindungen ein Glottalverschluss bzw. Glottalisierung gesprochen. Interessanterweise ist der feste Einsatz in Vokalsequenzen gerade bei Rundfunk- und Fernsehsprechern bei emphatischer Aussprache von Fremdwörtern zu hören.

Nasalvokale

Nasalvokale kommen im Standarddeutsch nur in Fremdwörtern, hauptsächlich französischer Herkunft vor. Sie werden nur im absoluten Wortauslaut oder in betonten Silben lang gesprochen, sonst kurz.
Beispiele:

<Timbre>	[ˈtɛ̃ːbʁə]
<Restaurant>	[ʁɛstoˈʁãː]
<Parfum>	[paʁˈfœ̃ː]
<Fond>	[fõː]
<Fondue>	[fõˈdyː]

Neben der Nasalvokalaussprache lässt der Duden bei häufig auftretenden Wörtern mehrere Aussprachen zu, die eine mehr oder weniger weit vorangeschrittene Eindeutschung darstellen. In solchen Fällen wird in der Regel der Nasalvokal durch eine Abfolge Vokal+[ŋ] ersetzt, z. B. <Bonbon> [b̥õˈbõː, b̥ɔŋˈbɔŋ].

4.13.2 Konsonantisches

Manche konsonantische Muster sind nur in Fremdwörtern zu finden. Die postalveolaren Lenis-Konsonanten [ʒ] und [dʒ] werden in Fremdwörtern aus mehreren Sprachen gefunden, hauptsächlich aber bei solchen aus dem Englischen und Französischen.
Beispiele:

<Journal>	[ʒʊʁˈnaːl]
<Jeans>	[d̥ʒiːns]

Wortinitiales [ç] ist ebenfalls nur im Fremdwörtern zu finden.

Beispiele:
    <Chemie>   [çeˈmiː]
    <China>   [ˈçiːna]

Die Affrikate [tʃ] sowie der alveolare Fortis-Frikativ [s] kommen ebenfalls im Wortanlaut nur in Fremdwörtern vor.
Beispiele:
    <Tchibo>   [ˈtʃiːbo]
    <City>   [ˈsɪti]

Zudem tritt eine Reihe von Konsonantensequenzen in Fremdwörtern auf, die in deutschen Wörtern nicht vorhanden sind.
Beispiele:
    <Psychologie>   [psyçoloˈgiː]
    <Xylophon>   [ksyloˈfoːn]
    <Skat>   [skaːt]
    <Sklerose>   [skleˈʁoːzə]

☞ Übung und Tonbeispiele 6.12

5 Normative Texttranskription: Akzente, Pausen, Endsilbenrealisation

Texte sind nicht nur Aneinanderreihungen von Wörtern. Für das Erfassen, Verstehen und Verarbeiten, für das Erschließen des Sinns, ist die prosodische Form, d.h. die Sprechmelodie, insbesondere aber auch der Sprechrhythmus, von entscheidender Bedeutung.

Der Sprechrhythmus ist die zeitlich-prosodische Gegliedertheit einer Äußerung primär durch Akzente und Pausen. Deshalb sollen zunächst Akzente und Pausen beim Transkribieren von Texten mitgeschrieben werden. Im Folgenden werden deswegen, allerdings sehr knapp, Orientierungen für das Setzen von Akzent- und Pausenzeichen gegeben.

Da wir eine an der Sprechrealität orientierte Texttranskription anstreben, folgen vorwegnehmend kurze Erläuterungen zur Realisation der Suffixe <-en>. Genaueres hierzu folgt in Kapitel 9.

5.1 Die Akzentuierung im Satz

Die Akzentuierung dient der Hervorhebung des Wesentlichen in einer Äußerung. Für die Information Wichtiges wird durch prosodische Mittel, im Wesentlichen Melodiekontrast, Ansteigen der Lautstärke und langsamere Realisation zumindest des Akzentvokals, sozusagen wie mit Textmarker in einem geschriebenen Text markiert. Was wichtig ist und damit akzentuiert wird, ergibt sich aus der Intention des Sprechers, daraus, wie er den Satz meint. Eine sich ändernde Betonung ändert auch immer die Bedeutung des Satzes.
Beispiele:

   (i)   Heute ist 'Freitag.

   (ii) 'Heute ist Freitag.

   (iii) Heute 'ist Freitag.

Grundsätzlich kann jedes Wort im Satz akzentuiert werden. Primär werden Autosemantika betont. Synsemantische Wörter bleiben unbetont und werden pro- oder enklitisch an Autosemantika angefügt (Stock 1995, 53ff). Das letzte autosemantische Wort im Satz erhält häufig den stärksten Akzent (vgl. (i)). Allerdings gilt das nicht für infinite Verben, denen ein Objekt vorausgeht. Hier wird das Objekt davor betont. Das trifft gelegentlich auch auf andere Verbergänzungen vor dem infiniten Verb zu (<Paul ist nach 'Hamburg gefahren.> Direktionalbestimmung).

Liegt der Hauptakzent weiter vorn im Satz oder auf einem synsemantischen Wort, dient die Akzentuierung in der Regel dem Alternativenausschluss (vgl. (ii) und (iii)).

Eine differenzierte Beschreibung von Satzakzentregeln findet sich bei Rausch und Rausch (1995, 186ff).

Da die Interpretation eines Textes und folglich die Akzentuierung durch verschiedene Sprecher verschieden ausfällt, gibt es keine eindeutigen Regeln für das Setzen der Satzakzente. Setzen Sie in den Übungen zunächst die Satzakzente so, wie Sie sie beim Lesen des Textes realisieren würden, und vergleichen Sie dann mit der Akzentuierung der SprecherInnen, die die literarischen Texte interpretieren.

5.2 Pausen

Ein Pauseneindruck kann durch Schallleere oder aber eine Kombination anderer prosodischer Eigenschaften (Melodieverlauf, Lautstärkeabfall, Tempoverzögerung), ohne dass eine Signallücke vorhanden ist, entstehen.

Ähnlich wie mit den Akzenten verhält es sich mit den Pausen. Sie sind für die Bedeutung des Textes sehr wichtig, lassen sich aber nicht eindeutig vorhersagen. Pausen sind rhythmisch gliedernde Zäsuren und regeln zunächst Referenzbeziehungen im Satz.
Beispiele:

(i) Der König befahl seiner Katze | täglich einen frischen Fisch zu bringen.

(ii) Der König befahl | seiner Katze täglich einen frischen Fisch zu bringen.

Pausen stehen immer am Satzende. Innerhalb von Sätzen trennen sie Teilsätze, sind aber ansonsten nicht eindeutig vorhersagbar (Stock 1998). Im freien Sprechen ergeben sich Pausen auch als Planungspausen. Daneben hängt die Anzahl der Pausen auch von der Sprechgeschwindigkeit ab. Schnelleres Sprechen vermindert, langsameres Sprechen erhöht die Anzahl der Pausen in einem Text.

Setzen Sie in den Übungen die Pausen zunächst so, wie Sie es beim Lesen der Texte tun würden. Im Transkript der Texte wurden, wie bei den Akzenten, die durch den Sprecher realisierten Pausen notiert. Weichen Ihre Pauseneinträge hiervon ab, ist das zunächst kein Fehler. Hören Sie noch einmal den jeweiligen Text und vergleichen Sie mit dem Lösungstranskript.

5.3 Endungen <-en>, <-em>, <-el>

Die Transkription der Endungen <-en>, <-em>, und <-el> wirft beim Transkribieren von Texten immer wieder Fragen auf, die in Kapitel 9 ausführlich besprochen werden. Vorwegnehmend soll aber schon an dieser Stelle über die für das Transkribieren der literarischen Texte wesentlichen Regelungen informiert werden.

Beobachtet man die Realisation der Endungen im Gespräch, hört man in der Regel überhaupt keine vollständig realisierten Endsilben. Alle Schwa-Laute sind elidiert. Dies gilt nicht so für das Sprechen literarischer Texte. Das Interpretieren speziell von klassischer Lyrik erfordert auch artikulatorisch ein sehr hohes Stilniveau. Da Schwa-Elisionen oft zum

Silbenverlust führen, würde bei Gedichten die rhythmische Gestalt, die Realisierung der metrischen Struktur, erheblich beeinträchtigt. Schwa-Elisionen, die zu Silbenverlust führen, sind deshalb zu vermeiden.

Empirische Untersuchungen dieses Phänomens (Meinhold 1973) haben klare stilistische Differenzierungen ergeben, die beinhalten, dass die Aussprache der Endsilben von der Kommunikationssituation und dem Laut vor dem Suffix abhängt. Beim Transkribieren literarischer Texte sind die situativ bestimmenden Faktoren die Art der Textproduktion (hier: interpretierendes Vorlesen) und die Textqualität. Beide Faktoren bedingen ein sehr hohes artikulatorisches Formniveau (vgl. 9.1).

Beim Transkribieren der Übungstexte soll deshalb folgendermaßen verfahren werden:

- Nach Frikativen entfällt das [ə] in allen Endungen (Ausnahmen: <-jen> und das Diminutivsuffix <-chen>).

- Nach Plosiven sind Formen mit und ohne [ə] gleichermaßen möglich. Wird [ə] elidiert, gleicht sich allerdings das [n] stets der Bildungsstelle des vorangehenden Plosivs an.

  Beispiele:

<haben>	[ˈhaːbən]	→	[ˈhaːbm̩]
<Lappen>	[ˈlapən]	→	[ˈlapm̩]
<wegen>	[ˈveːgən]	→	[ˈveːgŋ̍]
<Haken>	[ˈhaːkən]	→	[ˈhaːkŋ̍]

Nach allen anderen Lauten (Nasalkonsonanten, Vokalen, l und r) werden die Endungen beim Interpretieren literarischer Texte in der Regel vollständig realisiert.

Die Suffixe <-em> und <-el> sollen zunächst vollständig, also mit Schwa transkribiert werden.

Teil III

Übungen zur normativen Transkription

6 Übungen zu allgemeinen Ausspracheregeln

Die Lösungen zu den Übungen finden Sie ab S. 119 in Kapitel 13, Abschnitte 13.1 bis 13.12.

6.1 Silbisch und unsilbisch

mein neuer Freund / Haustür / kein Feuer / Fräulein Meyer / Seher, sehr / er, eher / Mäher, Meer / für, früher / Häher, Heer / hören, höher / nah, näher

Die folgenden Wörter sollen ohne Schwa-Laut im Suffix transkribiert werden:

Leben / Lappen / haben / Kappen / wegen / packen / laufen / waren / hören / führen / wischen / backen / werden / wetten / sehen / gehen / wollen / waschen / rauchen / Wellen / Hantel / Mantel / Bügel / Handel / kennen / kommen / singen / schauen / reisen / guten Morgen / guten Abend / auf Wiedersehen

6.2 R-Realisation

Vokal
a e i o u

Konsonanten
alle anderen buchstaben

6.2.1 R-Vokalisation

Uhr, Uhren / mehr, mehrere / Teer / Heer, Heere / er / für / vor, vorn / vier, der Vierte / fordern / verbessern / erfordern / zerschmettern / fertig, verfertigen / werden / der erste Eroberer / von vornherein / altern / ich verlagere den Unterricht / der Fernseher / ein reifer Apfel, ein reiferer Apfel, der reifere Apfel / Beeren, Bären / beraten / Berlin / bereden / gelehrt

6.2.2 Unterscheidung [ɛʁ] und [eːɐ̯]

Merkheft / Mehrkampf / Speer / Pferd / März / Feld / Berg / bersten / Bern / Persil / Person / Pergament / fern / fertig / färben / Fermate / werben / wer / werfen / Wertpapier / Werner / Wermut / Werk / lärmen / Lehrbuch / Lehrling / lernen / der / derb / Thermometer / Terz / sterben / Stern / Scherz / schwer / sehr / Herberge / Herde / herzlich / Herbst / Herrscher / Germanist / gern / Gärtner / Kerker / Kehrseite / Kern / Kerze / erben / erst / er / Erfurt / ärger / Erdachse / ernst / ehrgeizig / Ernte / Erz

6.3 S-Laut-Realisation

siebenundsechzig / sechsundsiebzig / neunzehnhundertsiebenundneunzig / heiße Soße / seine sieben Sachen einsammeln / langsam / genügsam / sie hat es ganz sicher selbst gesagt / sie sind sonst besonnener / ein sanftes Wort / Susanne mag süße Sahne / Schlag-sahne / nicht nur Weiße sind weise / wissen, dass man Wiesen nicht gießen kann / wessen Wesen ist sanft / während dieser Seereise Skat spielen / muss das sein / zehn Holzklötze / zweiundzwanzig Spatzen / auf seinem Platz sitzen und skurrile Witze reißen / von Musik nichts wissen und Smetana nicht kennen

6.4 Auslautverhärtung

lieben, Liebe, lieblich, Liebste, liebevoll, liebt, Liebhaber / weise, Weisheit, der Weiseste / Reise, er reiste, Reiselust / Glaube, er glaubte, Gläubiger, du glaubst, glaubhaft / halb, halbieren

6.5 Progressive Stimmlosigkeitsassimilation

aussichtslos / Abgang / Abgesang / Ausdruck / Abdruck / weggehen / Dachdecker / fachgerecht / Kirschgelee / Aufsatz / ab Seite 17 / durch das Dachfenster / aus sich herausgehen / mit Absicht

6.6 Fester Stimmeinsatz

am Anfang / hinein / einschalten / eröffnen / verabreden / um elf Uhr / am anderen Abend / in Ulm und um Ulm herum / Blumentopferde / Pferde / ein Eis essen / Turmuhr / Uhrarmband

6.7 Explosionsverlust

der Stellenabbau und die Aussichtslosigkeit / gib Brigitte auch etwas / das ist Raubbau / mit Teer und Terpentin / da lag Kekspapier

6.8 Nasale Sprengung

Schreiben Sie hier (ausnahmsweise) zur Verdeutlichung der nasalen Sprengung das entsprechende Diakritikum.

am Abend / der Halbmond / iss noch einen Happen / wegen des schlechten Wetters / sie hatten noch Wetten abgeschlossen / das hat bestimmt einen Haken

6.9 Laterale Sprengung

Schreiben Sie hier (ausnahmsweise) zur Verdeutlichung der lateralen Sprengung das entsprechende Diakritikum.

Beutel / Adel / der Mantel auf dem Bügel / eigentlich / wesentlich / redlich / aus Edelmut / ersichtlich / es hat lange gedauert / Bettlaken

6.10 Realisation von <ig>

König, Könige / wenig, wenige, am wenigsten / er ist fleißig, fleißige Kinder, am fleißigsten arbeitet Paul / Leipzig, Leipziger

6.11 Realisation von <ng>

etwas auf die lange Bank schieben / lange Zeitung lesen / zu langsam und zu ungenau singen / etwas verlangen / etwas angleichen / mit meinem Onkel angeln

6.12 Vokalrealisation in Fremdwörtern

Medizin / Meteorologie / Musik / Phonetik / Physik / Philosophie / Fabrikation / gigantisch / regulär / Holografie / introvertiert / intrapulmonal / Megalit / Neologismus / Orthoepie / Sterilisation / mumifizieren / temporär

7 Übungen zur normativen Transkription standardsprachlicher Texte

Dieses Kapitel dient der komplexen Anwendung der in Kapiteln 4 und 5 vermittelten Regeln für das Transkribieren normativer standardsprachlicher Texte. Die folgenden Übungstexte liegen zunächst in orthografischer Form vor. Die transkribierten Texte befinden sich im Kapitel 14 Lösungen zur normativen Transkription standardsprachlicher Texte. Daneben liegen alle Texte in gesprochener Form auf CD vor. Sie sollen Beispiele für die individuelle sprecherische Umsetzung der Standardaussprache sein.

Transkribieren Sie zunächst den jeweiligen Übungstext unter Berücksichtigung der in Kapitel 4 eingeführten Regeln. Die Endungen sollen wie unter 5.3 beschrieben realisiert werden. Setzen Sie Akzent- und Pausenzeichen.

Normtranskript und sprecherische Realisierung

Vergleicht man die den vorgegebenen Regeln entsprechenden Normtranskripte mit den jeweiligen Sprechfassungen, stellt man beim genauen Hinhören fest, dass die Sprechfassungen in einigen Details von den Transkripten abweichen. An dieser Stelle sollen nicht alle Abweichungen vollständig aufgelistet und beschrieben werden. Das würde durch eine enge Transkription (vgl. 8) besser bewerkstelligt. Sie sollen aber ausdrücklich erwähnt und exemplarisch diskutiert werden.

Vom "theoretischen" Normtranskript abweichende Aussprachen können koartikulatorisch, situativ-stilistisch, regional oder/und idiolektal bedingt sein. Jeder Sprecher hat seine eigene, für ihn typische Sprechweise. Sein Idiolekt ist, wie schon unter Kapitel 3 beschrieben, Resultat seines sprachlichen Sozialisationsprozesses und seiner Persönlichkeit. In diesem Sinne gibt es keinen "reinen" Normsprecher. Sprecher realisieren die Standardaussprache, indem sie überregional sprechen und den Regeln der Standardaussprache im Großen und Ganzen gerecht werden. Sobald ein Mensch spricht, sind individuelle Besonderheiten und z.B. prosodisch begünstigte Assimilationen usw. nicht auszuschließen. Solche Besonderheiten finden sich auch in den Tonaufnahmen der folgenden Texte. Sie werden im Anschluss exemplarisch besprochen.

Die Sprechfassung des Busch-Textes *Fuchs und Igel* wird trotz einiger Besonderheiten der gehobenen Stilebene der Standardaussprache zugeordnet. Die Einordnung geschieht zunächst aufgrund der Realisation der Endungen <-en>. Nach Frikativen und Plosiven wird das Schwa elidiert. Nach allen anderen Lauten bleibt [ə] erhalten, so dass ein dem Metrum des Gedichtes abträglicher Silbenverlust vermieden wird. Auch das Suffix <-el> wird bis auf eine Form (Vers 1) vokallos realisiert. Da durch diese Elision ebenfalls kein Silbenverlust eintritt, stört sie nicht, sondern wirkt durchaus angemessen. Eine Annäherung an die standardsprachliche Gesprächslautung zeigt sich allerdings in den Vokalrealisationen einzelner Artikel. In Vers 4 wird abweichend von der vorliegenden Transkription <des> als [dəs] und in Vers 10 <der> als [dɛ] gesprochen. Auch die Realisation eines [β] anstelle des Lenis-Plosivs [b̥] (Vers 2 <begegnet>, Vers 9 <übergib>) ist bereits Stilelement standardsprachlicher Gesprächslautung. Besonders prägnant ist die Realisation konsonantischer R-Laute als uvulare Vibranten (Verse 4 <Order>, 5 <Friede>, 16 <Friedensheld>), die im Gespräch eher selten ist. Bei den Vokalveränderungen in Vers 1 (<unverhofft>: [ʊ] wird zu [u]) und 11 (<erst>: [eː] wird zu [ɛ]) scheint es sich dagegen um regional geprägte Präfix- bzw. Wortaussprachen zu handeln. Veränderte Vokale finden sich auch in dem Wort <Majestät> in Vers 8. [ɛ] nach [j] wird assimilatorisch zu [ɪ]. Die Hebung des [ɛ] zu [eː] ist dagegen vermutlich regional motiviert.

Beim Vortrag des Goethe-Gedichtes *Gefunden* artikuliert die Sprecherin, stilistisch durchaus angemessenen, mit hoher Spannung und Präzision (vgl. dieselbe Sprecherin weniger gespannt in den Gesprächen *Schuhkauf* und *Urlaub*). Besonders prägnant sind die uvularen Vibranten z.B. in den Versen 7 <Sterne>, 15 <Garten>, 18 <Ort>. Wahrscheinlich auch bedingt durch die hohe Sprechspannung entstehen gelegentlich unerwartete Stimmlosigkeiten: In Vers 14 <Würzlein> wird das R frikativ stimmlos fortisiert gebildet. Es entsteht eine sehr ausgedehnte stimmlose Strecke. In Vers 12 wird <gebrochen> mit stimmlosem [b̥] realisiert. Am auffälligsten ist aber eine Abweichung der Sprechfassung vom Transkript in Vers 8 in <Äuglein>. Statt [k] ist hier stimmhaftes [g] zu hören.

Anhand der Sprechfassung der *Abenddämmerung* von Heine sei das Problem der Unterscheidung zwischen stimmlosen Lenis- und homorganen Fortis-Plosiven besprochen. Durch geringe Sprechspannung verbunden mit vermindertem Atemdruck entstehen häufig stammauslautend in der Silbenkoda wie im Onset von Suffixsilben sowie für <st> und <sp> stimmlose Plosive, deren Klassifizierung als lenis oder fortis schwer fällt. In der vorliegenden Sprechfassung finden sich solche schwer klassifizierbaren, eher als Lenes zu bewertenden Plosive in relativ großer Zahl, z.B. in den Versen 2 <gedankenbekümmert>, 4 <glührote>, 15 <Treppensteinen>, 16 <niederkauerten>, 22 <Rosengesichter>. Daneben seien folgende Auffälligkeiten genannt: Abweichend von der Vorschrift aus Regel 4.5 Progressive Stimmlosigkeitsassimilation realisiert die Sprecherin in Vers 2 (<saß>) und 9 (<Seufzen>) nach Pausen stimmhafte S-Laute. Die Präfixe <er-> und <ver-> werden idiolektal bevorzugt als [ʔɛ] bzw. [fɛ] realisiert (Vers 11<verschollene>, 13 <vernahm>, 16 <Erzählen>). In Vers 12 (<ich>) fehlt der feste Stimmeinsatz. Nach langem [aː] wird in Zeile 13 das R total assimiliert.

Der Kleist-Text *Über die allmähliche Verfertigung der Gedanken beim Reden* wird von derselben Sprecherin vorgetragen wie *Abenddämmerung*. Allerdings ist hier die Sprechspannung größer. Trotzdem weist auch die Fassung der Kleist-Interpretation Lenisierungen der Fortis-Plosive auf (vgl. Zeilen 2 <rate>, <Freund>, 3 <aufstößt>, 8 <sprechen>, 12 <bestehen>). Daneben realisiert die Sprecherin einige Suffixe anders als im in den Lösungen vorliegenden Transkript (Zeile 11 <verschiedene> als [fɛʃiːdn̩ə] und [fɛʁʃiːdn̩ə]). Erwähnt soll werden, dass Stimmlosigkeit bei [b d g] nicht nur infolge Assimilation auftritt (vgl. 4.5), sondern auch in stimmhaftem Kontext (hier Zeilen 6 <zwar große>, 8 <die du bereits>, 10 <will, dass>).

Der Auszug aus Schillers *Handschuh* wird ebenfalls von der Sprecherin der *Abenddämmerung* gesprochen. Im Unterschied zur Heine- und Kleist-Interpretation ist aber in der *Handschuh*-Fassung die Sprechspannung sehr viel höher. Das hat zur Folge, dass hier nur ausnahmsweise Lenis-Varianten von zu erwartenden Fortis-Plosiven zu hören sind. Die starke Gespanntheit der Sprecherin führt zu einigen auffälligen, besonders prägnanten R-Lauten in Form uvularen Vibranten (Zeilen 3 <Leoparden>, 8 <richtet>, 9 <herum, Kreis>, 10 <Mordsucht>).

Der Schiller-Text *Der Spaziergang* wird ausdrucksstark und ebenfalls, wie *Gefunden*, mit hoher Artikulationspräzision umgesetzt. Unter diesen Bedingungen realisiert die Sprecherin gelegentlich die Stimmbeteiligung anders als im vorliegenden Transkript. Stimmlos zu realisierendes [z̥] am Anfang und nach Pause in Zeile 1 wird zweimal stimmhaft, ebenso in Zeile 3 in <säuselnde>. Andererseits werden stimmhafte Laute gelegentlich stimmlos (z.B. <Friedrich> als [fʁiːtʁ̥ɪç], Zeile 2 <gegrüßt> [g̊əg̊ʁyːst], Zeile 11 <Farben> [faʁb̥m̩]). Das Präfix <un-> wird in Zeile 5 zu [un]. In Zeile 17 tritt in <glühend trifft> kein Explosionsverlust ein. Der feste Stimmeinsatz wird z.B. in Zeile 3 <grüß ich> nicht realisiert.

Die Aufnahme des Tucholsky-Textes *Die Kunst, falsch zu reisen* weist viele Stilelemente der standardsprachlichen Gesprächslautung auf. Insgesamt betrachtet wirkt der Text aber noch sehr präzise artikuliert und wird deshalb dem Übergangsbereich zwischen gehobener phonostilistischer Ebene und standardsprachlicher Gesprächslautung zugeordnet. Folgende Merkmale überregionaler Gesprächslautung treten auf: Die Realisation der Endungen <-en> ist meistens voll und entspricht damit eher der gehobenen phonostilistischen Ebene. Lediglich für <einen> erscheint [ʔae̯n] (Zeilen 9 und 15). In Zeile 6 wird <willen> zu [vɪln]. Die Vokale in Artikeln und Pronomen werden gelegentlich qualitativ verändert (vgl. Zeilen 1, 2 <der> [dɛ]; 5, 16 <das> [dəs]; 7, 9, 19 <es> [ʔəs]; 9 <du> [dʊ]). T fällt in <und> zweimal aus (Zeilen 8, 12). Die als Lenis-Plosive transkribierten [b], [d] und [g] werden in den Zeilen 4 bei <Leipziger>, 18 bei <überhaupt>, 23 bei <dabei> und <jeder> frikativ realisiert. R wird von der Sprecherin häufig total assimiliert bzw. elidiert (z.B. Zeilen 1 <verlange>, <der>, 12 <vertritt>, 16 <Mark>, 17 <dadurch>, 18 <fahr>, 20 <Wagenfahrt>, 23 <vergiss>). In Zeile 3 wird in <also> [l] elidiert. Zu Assimilationen kommt es in Zeile 15–16 <den Pfennig> [deːm pfɛnɪç], 19 <dein Geldbeutel> [dae̯n ɡɛltb̥ɔøtl̩] und 20 <bring den> [bʁɪŋ neːn]. Statt [z] erscheint häufig stimmloses [z̥] auch in stimmhaften Kontexten (z.B. 1 <reisen>, 7 <Mitreisenden>, 8 <umsonst>).

Die vorliegenden Sprechfassungen von *Aschblond* und *Bald verweht* wurden vom Autor der Texte, Helge Skirl, selbst gesprochen. Die intendierte eher distanziert-kühle Sprechweise verbindet sich in beiden Interpretationen mit einer Stimme, die deutliche Knarranteile aufweist. Knarrstimme ersetzt gelegentlich den festen Stimmeinsatz, ist aber auch im Wort zu finden (Textzeilen 1 <aschblondes> [aʃblondəs], 2 <vereinzelt> [fʁae̯ntslt], 3 <Augen> [ao̯ɡŋ̩]). Zum Eindruck verminderter Sonorität tragen ebenso die fast durchgängig entstimmten [z̥] bei. Die Artikulation wirkt trotzdem präzise. Zu diesem Eindruck tragen die starken, final langen und deutlich aspirierten Fortis-Plosive bei (Beispiele: Zeile

7 <Hütte>, ebenso in *Bald verweht* in Vers 5 <Mitte>). Die Endungen <-en> werden der gehobenen Stilebene der Standardaussprache entsprechend realisiert. Abweichungen vom Transkript finden sich in *Bald verweht* bei den Artikeln in Zeile 7 (<der> [dɛ]) und 5 (<des> [dəs]). Die [aː] in den Zeilen 4 (<manchmal>) und 6 (<langsam>) sind kurz.

Abschließend sei noch eine interessante Besonderheit genannt: In der Überschrift <Aschblond> wird das L unerwartet dunkel realisiert als [lˠ] und der Nasal dental als [n̪] gesprochen.

In *Bald verweht* werden, ebenso wie bei [z̥], die Lenis-Plosive auch in stimmhaftem Kontext entstimmt (Verse 1 <überstanden>, 3 <landen>, 4 <in Blättern>). Abweichend vom Transkript wird in Vers 1 <Der> zu [dɛ], in Vers 2 <er> zu [ʔɛ], in Vers 4 <in> zu [ʔn̩]. Insgesamt wird sehr präzise, aber mit weniger sonoren Anteilen artikuliert.

Die Interpretation von *Traum*, ebenfalls vom Autor, Gottfried Meinhold, selbst gesprochen, entspricht der gehobenen Stilebene der deutschen Standardaussprache. Die sehr präzise Artikulation trägt zur Eindrücklichkeit und Lebhaftigkeit der Interpretation bei, ohne die Natürlichkeit des Vortrags zu stören. Betrachtet man zunächst die Realisation der Suffixe <-en>, den wichtigsten Marker für die phonostilistische Einordnung einer Äußerung, so findet man nach Frikativen nur vokallose <-en>-Formen, nach Plosiven Formen mit und ohne Schwa; nach allen anderen Lauten, hier würde Elision Silbenverlust bedeuten, bleibt der Vokal erhalten. Auch die Vokalqualität in Artikeln, Pronomen und anderen Synsemantika bleibt in der Regel erhalten. Beispiele für die Veränderung der Vokalqualität finden sich bei enklitisch gebundenen Artikeln und Pronomina (vgl. Zeilen 3 <in dem er>, 3–4 <wird er>, 9 <kann ich>. Auch in dieser Interpretation finden sich vereinzelt lenisierte Plosive (z.B. Zeile 7 <prallt>) oder entstimmte Obstruenten in stimmhaftem Kontext (z.B. Zeile 1 <sehe>). Prägnant ist die häufige Realisation des R als uvularer Vibrant (vgl. Zeilen 3 <Rest>, 7 <prallt>, 12 <Kreisen>, 17 <grellen>).

7.1
Wilhelm Busch
Fuchs und Igel

1 Ganz unverhofft an einem Hügel
2 Sind sich begegnet Fuchs und Igel.
3 "Halt!" rief der Fuchs, "du Bösewicht,
4 Kennst du des Königs Order nicht?
5 Ist nicht der Friede längst verkündigt,
6 Und weißt du nicht, dass jeder sündigt,
7 Der immer noch gerüstet geht?
8 Im Namen Seiner Majestät -
9 Geh her und übergib dein Fell!"
10 Der Igel sprach: "Nur nicht so schnell!
11 Lass dir erst deine Zähne brechen,
12 Dann wollen wir uns weiter sprechen."
13 Und also gleich macht er sich rund,
14 Schließt seinen dichten Stachelbund
15 Und trotzt getrost der ganzen Welt,
16 Bewaffnet, doch als Friedensheld.

7.2
Johann Wolfgang von Goethe
Gefunden

1 Ich ging im Walde
2 So für mich hin,
3 Und nichts zu suchen,
4 Das war mein Sinn.

5 Im Schatten sah ich
6 Ein Blümchen stehn,
7 Wie Sterne leuchtend,
8 Wie Äuglein schön.

9 Ich wollt es brechen,
10 Da sagt' es fein:
11 Soll ich zum Welken
12 Gebrochen sein?

13   Ich grub's mit allen
14   den Würzlein aus,
15   Zum Garten trug ichs
16   Am hübschen Haus.

17   Und pflanzt es wieder
18   Am stillen Ort;
19   Nun zweigt es immer
20   und blüht so fort.

7.3
Heinrich Heine
Abenddämmerung

1   Am blassen Meeresstrande
2   Saß ich gedankenbekümmert und einsam.
3   Die Sonne neigte sich tiefer, und warf
4   Glührote Streifen auf das Wasser,
5   Und die weißen, weiten Wellen,
6   Von der Flut gedrängt,
7   Schäumten und rauschten näher und näher -
8   Ein seltsam Geräusch, ein Flüstern und Pfeifen,
9   Ein Lachen und Murmeln, Seufzen und Sausen,
10   Dazwischen ein wiegenliedähnliches Singen -
11   Mir war, als hört ich verschollene Sagen,
12   Uralte liebliche Märchen, die ich einst als Knabe,
13   Von Nachbarskindern vernahm,
14   Wenn wir am Sommerabend,
15   Auf den Treppensteinen der Haustür,
16   Zum stillen Erzählen niederkauerten,
17   Mit kleinen horchenden Herzen
18   Und neugierklugen Augen: -
19   Während die großen Mädchen,
20   Neben duftenden Blumentöpfen,
21   Gegenüber am Fenster saßen,
22   Rosengesichter,
23   Lächelnd und mondbeglänzt.

7.4
Auszug aus
Heinrich von Kleist
Über die allmähliche Verfertigung der Gedanken beim Reden

1   Wenn du etwas wissen willst und es durch Meditation nicht finden kannst,
2   so rate ich dir, mein lieber, sinnreicher Freund, mit dem nächsten
3   Bekannten, der dir aufstößt, darüber zu sprechen. Es braucht nicht
4   eben ein scharfdenkender Kopf zu sein, auch meine ich es nicht so,
5   als ob du ihn darum befragen solltest: nein! Vielmehr sollst du es
6   ihm selber allererst erzählen. Ich sehe dich zwar große Augen machen,
7   und mir antworten, man habe dir in frühern Jahren den Rat gegeben,
8   von nichts zu sprechen, als nur von Dingen, die du bereits verstehst.
9   Damals aber sprachst du wahrscheinlich mit dem Vorwitz, andere,
10   ich will, dass du aus der verständigen Absicht sprechest, dich zu
11   belehren, und so könnten, für verschiedene Fälle verschiedene, beide
12   Klugheitsregeln vielleicht gut nebeneinander bestehen.

7.5
Auszug aus
Friedrich Schiller
Der Handschuh

1   Und der König winkt wieder,
2   Da speit das doppelt geöffnete Haus
3   Zwei Leoparden mit einmal aus.
4   Die stürzen mit mutiger Kampfbegier
5   Auf das Tigertier;
6   Das packt sie mit seinen grimmigen Tatzen,
7   Und der Leu mit Gebrüll
8   Richtet sich auf – da wird's still,
9   Und herum im Kreis,
10   Von Mordsucht heiß,
11   Lagern die gräulichen Katzen.

7.6
Auszug aus
Friedrich Schiller
Der Spaziergang

1   Sei mir gegrüßt, mein Berg mit dem rötlich strahlenden Gipfel,
2   Sei mir, Sonne, gegrüßt, die ihn so lieblich bescheint,
3   Dich auch grüß ich, belebte Flur, euch säuselnde Linden,
4   Und den fröhlichen Chor, der auf den Ästen sich wiegt,
5   Ruhige Bläue, dich auch, die unermesslich sich ausgießt
6   Um das braune Gebirg, über den grünenden Wald,
7   Auch um mich, der endlich entflohn des Zimmers Gefängnis
8   Und dem engen Gespräch, freudig sich rettet zu dir,
9   Deiner Lüfte balsamischer Strom durchrinnt mich erquickend,
10   Und den durstigen Blick labt das energische Licht,
11   Kräftig auf blühender Au erglänzen die wechselnden Farben,
12   Aber der reizende Streit löset in Anmut sich auf,
13   Frei empfängt mich die Wiese mit weithin verbreitetem Teppich,
14   Durch ihr freundliches Grün schlingt sich der ländliche Pfad,
15   Um mich summt die geschäftige Bien, mit zweifelndem Flügel
16   Wiegt der Schmetterling sich über dem rötlichen Klee,
17   Glühend trifft mich der Sonne Pfeil, still liegen die Weste,
18   Nur der Lerche Gesang wirbelt in heiterer Luft, [...]

7.7
Auszug aus
Kurt Tucholsky
Die Kunst, falsch zu reisen

1   Wenn du reisen willst, verlange von der Gegend, in die du reist,
2   a l l e s: schöne Natur, den Komfort der Großstadt,
3   kunstgeschichtliche Altertümer, billige Preise, Meer, Gebirge – also
4   vorn die Ostsee und hinten die Leipziger Straße.
5   Ist das nicht vorhanden, dann schimpfe!

6   Wenn du reist, nimm um Gottes willen keine Rücksicht auf deine
7   Mitreisenden – sie legen es dir als Schwäche aus. Du hast bezahlt
8   und die anderen fahren alle umsonst.

9   Bedenke, dass es von ungeheurer Wichtigkeit ist, ob du einen
10   Fensterplatz hast oder nicht; dass im Nichtraucherabteil einer raucht,

11   muss sofort und in den schärfsten Ausdrücken gerügt werden – ist
12   der Schaffner nicht da, dann vertritt ihn einstweilen und sei Polizei,
13   Staat und rächende Nemesis in einem. Das verschönt die Reise. Sei
14   überhaupt unliebenswürdig – daran erkennt man den M a n n.

15   Mach dir einen Kostenvoranschlag, bevor du reist, und zwar bis auf den
16   Pfennig genau, möglichst um hundert Mark zu gering – man kann das
17   immer einsparen. Dadurch nämlich, dass man überall handelt;
18   dergleichen macht beliebt und heitert überhaupt die Reise auf. Fahr
19   lieber noch ein Endchen weiter, als es dein Geldbeutel gestattet, und
20   bring den Rest dadurch ein, dass du zu Fuß gehst, wo die Wagenfahrt
21   angenehmer ist; dass du zu wenig Trinkgelder gibst;
22   und dass du überhaupt in jedem Fremden einen Aasgeier siehst.

23   Vergiss dabei nie die Hauptregel jeder gesunden Reise:
24   Ä r g e r e   d i c h!

7.8
Helge Skirl
Aschblond

1   Dein aschblondes Haar war wie die Fjorde im Wind. Vögel kreischten
2   überm Meer, am Strand – vereinzelt – lagen wohl tote Artgenossen.
3   Deine Augen waren kalt und blau; nichts war aus ihnen zu lesen.
4   Manchmal fiel dir das Haar vom Wind ins Gesicht, so dass ich
5   Augenblicke nur von deinem toten Blick verschont blieb.

6   Langsam erfasste die Kälte meine Knochen. Wir würden in die
7   Hitze der Hütte zurückkehren; und die Flammen des Feuers
8   würden sich spiegeln auf deinem Haar.

7.9
Helge Skirl
Bald verweht

1   Der Sommer überstanden
2   – er war so lau und grau –
3   wenn nun die Farben landen
4   in Blättern vor dem Blau

5   des Himmels dessen Mitte
6   erfüllt ist von der Pracht

7   der späten Sonne Bitte
8   durch welche noch entfacht

9   wird rauschend schwere Hitze
10   die in den Fluren steht:
11   Nur einmal im Besitze
12   der Blätter bald verweht.

7.10
Gottfried Meinhold
Aus Lachverbot – Traum

1   Am Morgen sehe ich: Der Fisch, den ich gestern erworben habe, ist
2   über Nacht gewachsen, hat das Wasser aus dem Aquarium verdrängt bis
3   auf einen Rest, in dem er sich flossenschlagend abkämpft. Gleich wird
4   er die Glaswände sprengen, er ist schon bei der entscheidenden
5   Anspannung. Das Glas birst, er erhebt sich in hohem Bogen mit
6   rudernden Flossen in die Luft und fliegt im Zimmer hin und her, ein
7   mächtiger Vogel; er steuert aber ungeschickt und prallt gegen die
8   Fensterscheibe. Ich muss mich bücken, um nicht von ihm gestreift zu
9   werden – er hat es auf mich abgesehen. Nicht schnell genug kann ich
10   die Fensterflügel aufreißen, er verheddert sich in der Gardine und
11   geht zu Boden, es tut mir weh. Da erhebt er sich wieder, und nach
12   einigen Kreisen im Zimmer schießt er hinaus, auf Nimmerwiedersehen,
13   hoffe ich, und ich blicke ihm nach, wie er bald hoch, bald flach,
14   draußen über den Köpfen der entsetzten Passanten hinzieht,
15   aufsteigend und im Sturzflug, größer und größer – ein Gigant der
16   Lüfte. Ich bin ihn los, juble ich und schließe das Fenster, mich in
17   Sicherheit wiegend. Aber die grellen Schreie von unten lassen mir
18   keine Ruhe. Jemand hat nach der Feuerwehr geschrien, ein anderer nach
19   der Polizei, dann kommt der Ruf nach der Armee, und ich schlage die
20   Hände vors Gesicht, um nicht mit ansehen zu müssen, was ich
21   angerichtet habe.

Teil IV

Enge Transkription

8 Enge Transkription und das IPA

Die enge Transkription realer Äußerungen ist eine besondere Herausforderung. Da man bei der Erforschung z.B. regionaler und standardsprachlicher Gesprächsäußerungen nicht von vornherein weiß, welche regionaltypischen oder situativ bedingten Besonderheiten sich in der Aussprache finden werden, versucht man, so genau wie möglich alle Feinheiten der Artikulation festzuhalten.

Hierbei ist es zunächst erforderlich, sich der Subjektivität seines Tuns bewusst zu werden. Transkription ist Resultat einer Interpretation des auditiv Wahrgenommenen durch den Transkribierenden. Er stellt eine Beziehung her zwischen

- Höreindruck,
- vermuteter Artikulation und
- IPA-Symbol.

Zu transkribieren bedeutet dabei immer zu abstrahieren, d.h., die gehörte lautliche Realisation zunächst einem Lauttyp, einer Lautklasse, zuzuordnen. Der Höreindruck wird mit den internen Klangmustern verglichen. Gleichzeitig versucht man, die artikulatorische Bewegung zur Erzeugung dieser "Klanggestalten" zu rekonstruieren, da die IPA-Transkriptionszeichen artikulatorisch definiert sind. Die individuelle Wahrnehmungs- und Differenzierungsfähigkeit ist sehr unterschiedlich. Auch die internen Bezugsmodelle, die Klang- und Artikulationsmuster sind individuell verschieden. Ein konkreter Einzellaut wird deshalb von verschiedenen Transkribierenden nicht unbedingt gleich gehört oder dem gleichen Lauttyp zugeordnet. Das macht eine Übungs- und Eichungsphase erforderlich. Die International Phonetic Association empfiehlt deshalb ein Hör- und Sprechtraining für die IPA-Zeichen. Transkripte sollten außerdem in größerem zeitlichem Abstand mehrmals vom gleichen Tanskribierenden erstellt und verglichen werden. Anschließend sollten die Transkripte mehrerer Transkribierender abgeglichen werden.

Um alle lautlichen Besonderheiten einer Äußerung möglichst genau festhalten zu können, benötigt man zum engen Transkribieren weitaus mehr Transkriptionszeichen und Diakritika als zur präskriptiv-normsprachlichen Transkription. Beim engen Transkribieren begegnen uns Laute, die man im Deutschen nicht ohne weiteres erwartet. So können z.B. anstelle der Lenis-Plosive [b d g] homorgane Frikative ([β ð̞ ɣ]) erscheinen. Frikative können mit abweichendem Artikulator realisiert werden (statt des dorsalen [ç] wird koronales [ɕ] gebildet) usw. Außerdem verwendet man weitere Diakritika, die dazu dienen, vom "Prototyp" etwas abweichende Artikulationen oder zusätzliche artikulatorische Eigenschaften festzuhalten.

In Kapitel 1 sind alle Lautschriftzeichen des IPA dargestellt. Unter 1.2 sind die für die normative Transkription bisher noch nicht verwendeten Zeichen aufgeführt und mit akustischen Beispielen illustriert.

Wir beginnen den Übungsteil zur engen Transkription mit Beispielen standardsprachlicher Äußerungen. Den Übungen wird eine Einführung in die phonetische Stilvariation (situative Variation) innerhalb des Standards vorangestellt. Unter 9.3 schließen sich Beispiele für Stilvariation durch zwei Berufssprecher an.

Kapitel 10 beschäftigt sich mit umgangssprachlichen Äußerungen. Die exemplarisch ausgewählten Umgangssprachen werden überblicksartig dargestellt. Anhand authentischer Tonaufnahmen werden typische Erscheinungen der jeweiligen Umgangssprachen demonstriert. Übungen zur engen Transkription umgangssprachlicher Äußerungen schließen das Kapitel zur engen Transkription ab.

In der folgenden Aufstellung finden sich die Abkürzungen für die Bezeichnungen der Tonaufnahmen, die in den weiteren Kapiteln verwendet werden.

Abkürzung	Aufnahme	Abschnitt	ab Seite
GS*nn*	Gespräch "Schuhkauf"	11.1	107
GU*nn*	Gespräch "Urlaub"	11.2	107
NM*nn*	Nachrichten: Mäurer	11.3	108
NT*nn*	Nachrichten: Töpfer	11.4	109
GJ*nn*	Gespräch: Mäurer–Töpfer	11.5	110
HA*nn*	Interview Hallisch	11.6	111
SÄ*nn*	Interview Sächsisch	11.7	112
SW*nn*	Interview Schwäbisch	11.8	113

9 Situative Variation in der Standardaussprache: Stilebenen

Die lautliche Form zusammenhängender Äußerungen unterscheidet sich von der isolierter Wörter oder Wortgruppen. Das Ausmaß an Koartikulation kann hier unter bestimmten Bedingungen viel größer werden als etwa beim Vorlesen eines einzelnen Wortes.

Die suprasegmentale Gestalt einer Äußerung, besonders der Akzent (Betonung) und der sich aus Akzentuierung und Pausen ergebende Sprechrhythmus beeinflussen die Realisation der Laute. Allgemein kann man sagen, je spontaner eine Äußerung ist, desto größer ist der Einfluss der Prosodik auf die Aussprache. Beim Lesen ist er also am geringsten. Gelesene Texte werden rhythmisch relativ gleichmäßig realisiert. Inhaltlich geplante aber frei formulierte Reden weisen schon größere prosodische Variation auf, die aus der Unmittelbarkeit des Formulierens resultiert. Sehr bewegt können Gesprächsäußerungen ausfallen. Sich ergebende Planungs- oder Formulierungspausen, wechselnde Lebhaftigkeit und Anteilnahme des Sprechers, wechselnde Gespanntheit und Sprechgeschwindigkeit bedingen prosodische Variation und schaffen damit die Voraussetzungen für sehr starke koartikulatorische Angleichungsprozesse.

Ob ein Manuskript verlesen, mit Hilfe eines Stichwortzettels frei formuliert oder spontan drauflos geredet wird, resultiert zunächst aus der jeweiligen Kommunikationssituation. Sie bestimmt letztendlich, wie groß prosodische Variation und wie stark assimilatorische Angleichungsprozesse sein dürfen. Die Situation ist also der übergreifende Faktor, der den Rahmen für die phonetische Form einer Äußerung absteckt. Im Folgenden wird auf den Faktor Situation und auf die situativ bestimmten Stilebenen der Standardaussprache näher eingegangen.

Zunächst wird die Situation durch die miteinander sprechenden Kommunikationspartner geprägt, ihren sozialen Status, ihre soziale und kommunikative Rolle und ihre Beziehung zueinander. Auch der Öffentlichkeitsgrad der Situation, die Bedeutsamkeit des Kommunikationsereignisses und des Themas und schließlich Raum- und Zeitfaktoren spielen eine Rolle. Alle diese Faktoren beeinflussen nicht nur stilistische Texteigenschaften wie die Wahl der Lexik und den Satzbau, sondern auch die Aussprache.

Allgemein lässt sich sagen, dass mit zunehmender Vertrautheit der Kommunikationspartner, beim miteinander Sprechen im privaten Bereich über eher belanglose Dinge des Alltags Elisionen und Assimilationen zunehmen. Allerdings ist es nicht so, dass die Aussprache dann grundsätzlich verwaschen klingt. Vielmehr werden bestimmte Laute, Silben, Wörter und Wendungen situationsabhängig regelhaft stärker reduziert.

Die Aussprache des Standarddeutschen ist nicht einheitlich, sondern situationsabhängig verschieden. Sie umfasst zwei phonetische Stilebenen oder Präzisionsstufen (vgl. Krech et al. 1982, 73–77; Meinhold, 1973, 1986):

1. die gehobene phonostilistische Ebene
2. die phonostilistische Ebene des Gesprächs.

Abbildung 9.1: Phonetische Stilebenen der Standardaussprache

Die gehobene phonostilistische Ebene der Standardaussprache wird eher selten realisiert. Dieses hohe Formniveau ist z. B. beim Rezitieren klassischer Lyrik, beim Sprechen zu öffentlichen, sehr feierlichen Anlässen, eventuell beim Verlesen der Meldungen in den Nachrichtensendungen von ARD und ZDF zu finden.

Die phonostilistische Ebene des Gesprächs umfasst ein breites Spektrum von face-to-face-Kommunikationssituationen. Sie reicht vom dialogisch angelegten Vortrag bis zum überregional geführten familiären Gespräch. Diese phonostilistische Ebene ist damit sehr breit angelegt und wird deshalb in die Formstufen des gehobenen und des lässigen Gesprächs eingeteilt. Beide Gesprächsstilebenen unterscheiden sich eher quantitativ durch ein mehr oder weniger an Assimilationen und Elisionen. Da die Übergänge zwischen beiden Stufen zudem fließend sind, verzichten wir hier auf die Differenzierung zwischen beiden Gesprächsstilebenen und wollen nur zwischen gehobener phonostilistischer Ebene der Standardaussprache und phonostilistischer Ebene des standardsprachlichen Gesprächs unterscheiden.

9.1 Gehobene phonostilistische Ebene der Standardaussprache

Die gehobene phonostilistische Ebene ist die Stilebene mit der präzisesten Artikulation, die noch relativ schriftnah ist, ohne der Schrift ganz zu entsprechen. Da ein Artikulieren ohne Koartikulation und unbeeinflusst vom prosodischen Verlauf, insbesondere vom Sprechrhythmus nicht möglich ist, gelten auch innerhalb dieser phonostilistischen Ebene alle unter Kapitel 4 eingeführten Ausspracheregeln.

Außerdem kommt es auch hier schon zu Reduktionen der Endsilben <-en>, und zwar abhängig vom vorangehenden Laut. Hier können folgende Orientierungen gelten:

- Nach Frikativen außer [ʁ] wird das [ə] der Endung <-en> immer elidiert.

  Beispiele:
<wissen>	[ˈvɪsn̩]
<wissend>	[ˈvɪsn̩t]
<waschen>	[ˈvaʃn̩]
<riechen>	[ˈʁiːçn̩]
<rauchen>	[ˈʁao̯xn̩]

  Ausnahmen: Das [ə] bleibt erhalten im Diminutivsuffix <-chen> und der Silbe <-jen->
  (<Mädchen> [ˈmɛːtçən], <Familien> [faˈmiːljən])

- Nach Plosiven *kann* das [ə] der Endung <-en> elidiert werden. Formen mit und ohne Schwa stehen gleichberechtigt nebeneinander. Nach erfolgter Elision wird das [n] des Suffixes in seiner Bildungsstelle an den vorangehenden Plosiv angeglichen.

  Beispiele:
<werden>	[ˈveːɐ̯dən]	oder	[ˈveːɐ̯dn̩]
<hatten>	[ˈhatən]	oder	[ˈhatn̩]
<haben>	[ˈhaːbən]	oder	[ˈhaːbm̩]
<Happen>	[ˈhapən]	oder	[ˈhapm̩]
<wegen>	[ˈveːgən]	oder	[ˈveːgŋ̍]
<wecken>	[ˈvɛkən]	oder	[ˈvɛkŋ̍]

- Nach allen anderen Lauten wird das Schwa nicht elidiert.

  Beispiele:
<kommen>	[ˈkɔmən]
<sehen>	[ˈzeːən]
<wollen>	[ˈvɔlən]
<waren>	[ˈvaːʁən]

Merke: Innerhalb der gehobenen phonostilistischen Ebene der Standardaussprache treten regelmäßig folgende Reduktionen auf:

- Nach Frikativen wird das Suffix <-en> immer vokallos realisiert. (Ausnahmen: Diminutivsuffix <-chen> und Silbe <-jen->)

- Nach Plosiven sind Formen mit und ohne [ə] möglich.

- Nach allen anderen Lauten wird das [ə] nicht elidiert.

9.2 Die phonostilistische Ebene des standardsprachlichen Gesprächs

Wie schon erwähnt wurde, umfasst die phonostilistische Ebene des standardsprachlichen Gesprächs einen sehr breiten Bereich von Kommunikationsereignissen: den halböffentlichen, dialogisch gehaltenen Vortrag, das Unterrichtsgespräch wie auch das Gespräch in der Familie oder im Freundeskreis. Deshalb unterscheidet man zwei Präzisionsstufen, die Formstufe des gehobenen Gesprächs und die Formstufe des lässigen Gesprächs. Die folgenden Ausführungen gelten für beide Formstufen des Gesprächs, wobei innerhalb der Formstufe des lässigen Gesprächs bestimmte Erscheinungen häufiger sind und weitere Reduktionen hinzukommen, auf deren Beschreibung hier aber verzichtet wird (Zur Formstufe des lässigen Gesprächs vgl. Meinhold 1973, 1986 und Rues 1993.).

Neben den unter Kapitel 4 beschriebenen allgemeingültigen situationsunabhängigen Ausspracheregeln des Deutschen weist die Aussprache im standardsprachlichen Gespräch folgende Besonderheiten auf:

(1) Reduktion der Suffixe <-en, -el, -em>

Im Gespräch wird das [ə] des Suffixes <-en> in der Regel elidiert. Die eher seltenen Formen mit Schwa werden in betonten Wörtern und nach <r> oder – noch seltener – nach Nasalkonsonanten realisiert (Lemke 1998).

Beispiele: <kommen> [kɔmː] oder [kɔm], <kennen> [kɛnː] oder [kɛn], <bringen> [bʁɪŋː] oder [bʁɪŋ], <sehen> [zeːn], <ziehen> [tsiːn], <wollen> [vɔln], <waren> [vaːɐ̯n] oder [vaːn], <hören> [høːɐ̯n]

Auch im Suffix <-el> wird das Schwa im Gespräch elidiert. Die Endung <-em> wird überwiegend vokallos gesprochen (zu den Suffixen vgl. auch Lemke 1998).

(2) Vokalveränderungen in Artikeln und Pronomina

In Artikeln und Pronomina werden häufig anstelle der langen gespannten Vokale kurze ungespannte zentralere Vokale gebildet. Sie verändern ihre Qualität in Richtung [ə], werden als [ə] gesprochen oder fallen gelegentlich auch ganz aus.

Beispiele:

<der>	[dɛ(ɐ̯) dɐ]	<an der 'Wand>	[ʔan dɐ̯ 'vant]
<die>	[dɪ də]	<in die 'Küche>	[ʔɪn dɪ 'kʏçə]
<das>	[dəs]	<'weiß das Kind>	['vae̯s dəs kɪnt]
<den>	[dɛn dən]	<aus den 'Büchern>	[ʔao̯s dən 'byːçɐn]
<du>	[dʊ də]	<kannst du mal 'kommen>	[kanstˀ dʊ ma 'kɔmː]
<er>	[(ʔ)ɛ(ɐ̯) ɐ]	<'kann er das>	['kan ɐ das]
<sie>	[zɪ zə]	<'weiß sie es schon>	['vae̯s zɪs ʃoːn]
<wir>	[vɪ(ɐ̯) vɐ]	<können wir nicht 'doch>	[kœn vɐ nɪç 'dɔx]
<ich>	[ç]	<ich 'weiß nicht>	[ç 'vae̯s nɪç]

(3) Verlust des festen Stimmeinsatzes bei Vokalen

Der feste Stimmeinsatz [ʔ], der für Vokale im Anlaut deutscher Wörter innerhalb der gehobenen Stilebene charakteristisch ist (vgl. 4.6), wird im Gespräch häufig nicht realisiert oder zur Knarrstimme reduziert, die sich über einen Teil des Vokals erstreckt. (vgl. NT02–03 <ist ein Häftling ausgebrochen>). Besonders bei enklitisch an Akzentwörter gebundenen Funktionswörtern ist das der Fall.

Beispiele: <hat er> [ˈhat ɛ̰ɐ̰], <weiß ich> [ˈvaḛs ɪç]

(4) Ausfall von <t>

Das <t> fällt im Auslaut einiger gebrauchshäufiger Wörter im Gespräch in der Regel aus. Das betrifft <ist, jetzt, nicht>, oft auch <und, sind, sonst>.

Beispiel: <Nicht ˈwahr? Das ˈist jetzt eben so.> [nɪç ˈvaː| dəs ˈʔɪs jɛts ʔeːbm̩ zoː]

(5) Vokalisches R nach Kurzvokalen

Im Gespräch wird (nicht nur nach Langvokalen, vgl. 4.2, sondern auch) in der Silbenkoda nach Kurzvokalen das R vokalisiert oder elidiert.

Beispiele:

<wird>	[vɪɐ̯t] oder [vɪːt]
<Turm>	[tʊɐ̯m] oder [tʊːm]
<fort>	[fɔɐ̯t] oder [fɔːt]
<hart>	[haɐ̯t] oder [haːt]

(6) Lenis-Plosive oder Glottalisierung statt Fortis-Plosive

[p t k] werden in der Silbenkoda und im Stammauslaut häufig als stimmlose Lenes realisiert. Die Lenisierung betrifft auch die der Auslautverhärtung unterliegenden <b d g>, die eigentlich als [p t k] zu sprechen wären. In diesen Fällen ist die Auslautverhärtung oft unvollständig.

Beispiele:

<er lebt>	[ʔeːɐ̯ ˈleːb̥t]
<Kind>	[kɪnd̥]
<Weg>	[veːg̥]
<Tante>	[ˈtand̥ə]

Statt [p t k] werden neben Lenis-Formen häufig auch Glottalverschlüsse oder Knarrstimme realisiert.

Beispiele:

<hatten>	[ˈhaʔn̩]
<Krankenkassen> (NM25)	[kʁaŋŋ̍ŋ̍kʰasn̩]

(7) Elision von Lenis-Plosiven vor reduzierten Endsilben <-en>

Im Gespräch fallen [b d g] vor reduzierten Endungen <-en> häufig aus.

Beispiele:

<haben>   [haːm]
<werden>   [veːɐ̯n]
<wegen>   [veːŋ]

(8) Frikatisierung von Lenis-Plosiven

Bei Lenis-Plosiven wird häufig der orale Verschluss nur noch unvollständig realisiert, so dass frikative Realisationen entstehen: [b d g] werden zu [β ð̞ ɣ].

Beispiele:

<aber>   [ˈʔaːβɐ]
<weder>   [ˈveːð̞ɐ]
<sage>   [ˈzaːɣə]

(9) Elision des [l]

In gebrauchshäufigen Wörtern, besonders in <also> und <mal> und im Suffix <-lich> fällt [l] häufig aus.

Beispiele: <also> [ʔazo], <mal> [ma], <wirklich> [ˈvɪːɡɪç]

(10) Phonetische Ellipsen

Häufige feste Wendungen, Grußformeln u. Ä. verschmelzen zu einer Einheit und werden sehr stark reduziert. Sie bilden phonetische Ellipsen.

Beispiele: <guten Abend> [naːmt], <sagen wir mal so> [zaŋ vɐ ma ˈzoː]

Reduktionsbedingungen

Alle diese Schwächungserscheinungen sind nicht wie die unter 4 erläuterten Ausspracheregeln obligatorisch, sondern in Gesprächssituationen häufige und damit sehr wahrscheinliche Reduktionen.

Ihr Auftreten erstreckt sich auch nicht gleichmäßig über die gesamte Äußerung, sondern ist an bestimmte prosodische und *Redundanzbedingungen* innerhalb des Gesprächs gebunden.

Redundantere Äußerungsteile, Wörter oder Morpheme werden stärker reduziert. Hierzu zählen Synsemantika und Flexions- und Derivationsmorpheme. Grundsätzlich sind solche Elemente aus dem Kontext eher ergänzbar oder erratbar und damit für die Information entbehrlicher als Autosemantika oder Basismorpheme. Ebenso besitzen Auslautstrukturen wie die Silbenkoda oder der Wortstammauslaut größere Reduktionsbereitschaft als der Wortanlaut. Letzterer ist für das Verstehen der Äußerung beträchtlich wichtiger und wird aus diesem Grunde präziser artikuliert.

Daneben entscheidet der Sprecher, welches Wort ihm in einer Äußerung wichtig ist. Diese Wörter werden akzentuiert und damit phonetisch besser ausgestattet. *Akzentwörter* werden durch phonetische Kontrastierung, d. h. Melodieanstieg oder -fall, durch größere Lautheit und zumindest gelängte Akzentvokale, vergleichbar dem Unterstreichen mit Textmarker in

Merke: Das standardsprachliche Gespräch weist folgende charakteristische Reduktionen auf:

- Ausfall des Schwa in allen Suffixen <-en>, häufig auch in <-em> und <-el>
- Vokalreduktion in Artikeln, Pronomina und anderen Funktionswörtern: Statt der langen gespannten Vokale werden kurze ungespannte Vokale oder [ə] gesprochen. Gelegentlich fällt der Vokal aus.
- [ʔ]-Ausfall
- Ausfall des <t> in <ist, jetzt, nicht> u. a. gebrauchshäufigen Wörtern
- Vokalisches R oder Ausfall des R nach Kurzvokalen in der Silbenkoda
- Lenisierung oder Glottalisierung von [p t k] in der Silbenkoda und im Stammauslaut zu [b̥ d̥ g̊]
- Frikatisierung von [b d g] zu [β ð̥ ɣ] oder Ausfallen dieser Laute vor <-en>
- Ausfall von <l> in <also, mal, -lich>
- elliptische Realisation fester Wendungen

Reduktionen werden begünstigt durch:

- Redundanz
- Unbetontheit
- hohe Sprechgeschwindigkeit und geringe Sprechspannung.

einem geschriebenen Text, hervorgehoben. Damit wird die Voraussetzung für eine präzise artikulatorische Ausführung geschaffen, Reduktion verhindert und die Verständlichkeit dieser Informationsteile gesichert.

Insgesamt kann man sagen, dass unbetonte beschleunigte Passagen eher stark, betonte Wörter und besonders die Akzentsilben dagegen nicht reduziert werden. Hohe *Sprechgeschwindigkeit* und geringe *Sprechspannung* fördern außerdem Reduktionsprozesse (vgl. Rues 1993, 122–125, 138–140).

Anmerkungen zu den Übungen

Zur konkreten lautsprachlichen Form von Gesprächsäußerungen lassen sich nicht so genau Vorhersagen machen wie zur Ausspracheform gelesener oder weitgehend vorgeplanter Äußerungen. Die Spontanität von Gesprächsäußerungen führt zu im Detail nicht vorhersehbarer größerer prosodischer Unregelmäßigkeit, zu Planungspausen, stärker beschleunigten oder sehr zögernd, lauter oder leiser gesprochenen Äußerungsteilen. Innerhalb eines Gesprächs verändern sich häufig mit wechselnder Bedeutsamkeit des Gegenstandes für den

Sprecher auch das Engagement und damit verbunden die Sprechspannung des Sprechers. Alle diese Faktoren wirken sich wie oben beschrieben auf den Reduktionsgrad und damit die konkrete Äußerungsform aus und entwickeln sich deshalb kaum vorhersehbar.

Aus diesem Grunde wird bei der Transkription der Gesprächstexte auf jegliche präskriptiv orientierte Transkription verzichtet. Die Transkripte sind vielmehr enge Notationen der als Klangdatei vorliegenden Gesprächsausschnitte. Sie dienen weniger als Prototyp für "das Gespräch" als vielmehr als Gesprächsbeispiel und der Übung im engen Transkribieren realer spontansprachlicher Äußerungen.

Hören Sie die vorliegenden Gesprächsausschnitte wortgruppenweise ab und transkribieren Sie möglichst eng auch unter Nutzung der Diakritika. Im Lösungsteil befinden sich die transkribierten Gesprächsausschnitte zum Vergleich.

Kleine Abweichungen Ihrer Transkripte von den Lösungen müssen nicht wie bei den Übungen zu Abschnitt 4 als Fehler gelten. Da jeder Transkribierende auf seine individuelle phonetische Kompetenz, vor allem seine internen lautlichen Klangmuster zurückgreifen muss, ist es fast unvermeidbar, dass enge Transkripte verschiedener Transkribierender etwas voneinander abweichen. Insofern stellt unsere Transkription einen Vorschlag dar.

⊚ Übung und Tonbeispiele 11.1 und 11.2

Literaturempfehlungen

Lemke, S. (1998). Phonostilistische Untersuchung zur deutschen Standardaussprache. Zur Realisation der Endungen -en, -em, -el. *Interkulturelle Kommunikation (Sprache und Sprechen) 34)*, 128–134. München, Basel.

Meinhold, G. (1986). Phonostilistische Ebenen in der deutschen Standardaussprache. *DaF 5*, 288–293.

Rues, B. (1993). *Lautung im Gespräch. Ergebnisse einer empirischen Untersuchung (Forum phoneticum 53)*. Frankfurt am Main.

9.3 Beispiele für Stilvarianten bei gleichen Sprechern

Im Abschnitt 3 wurde bereits dargelegt, dass jeder Sprecher über einen mehr oder weniger großen Ausschnitt aus dem Varietätenkontinuum des Deutschen verfügt. Dieser Ausschnitt, der z. B. einen Dialekt und eine dialektnahe Umgangssprache oder den Standard mit seinen unterschiedlichen Präzisionsstufen umfassen kann, ist Resultat des individuellen sprachlichen Sozialisationsprozesses, Resultat sprachlichen Lernens in unterschiedlichsten Kommunikationssituationen. Der Sprecher hat erfahren, dass man sich mit unterschiedlichen Partnern und in unterschiedlichen Situationen verschieden ausdrückt und auch phonetisch verschieden spricht. Dabei wird ihm diese Erfahrung zumindest im phonetischen Detail in der Regel nicht bewusst.

Jeder von uns verfügt also über einen Spielraum in der Artikulation wie der prosodischen Form. Wir nutzen ihn, um uns situativ angemessen zu äußern und zielbezogen kommunikativ zu handeln. Dieser Spielraum gehört zur muttersprachlichen Kompetenz und macht gelegentlich den einzigen Unterschied zu sehr gut Deutsch sprechenden Nicht-Muttersprachlern aus.

Wir reagieren also auf eine gegebene Situation und beeinflussen, ja bestimmen sie auch durch die phonetische Form. Ein Beispiel hierfür sind die Nachrichten. Die Art, wie sie realisiert werden, prägt dieses Sendeformat und verleiht den Meldungen wie dem Sprecher Gewicht und Glaubwürdigkeit. Die phonetische Form trägt beträchtlich dazu bei, dass wir Nachrichtensendungen als solche erkennen und akzeptieren. Es versteht sich von selbst, dass Nachrichtensprecher in anderen Situationen anders "klingen".

Zu den Übungen

Die Aufnahmen 11.3–11.5 sollen exemplarisch die oben beschriebene stilistische Variation durch einen Sprecher illustrieren. Sie hören von zwei Sprechern des Mitteldeutschen Rundfunks, Dietrich Karl Mäurer und Gunnar Töpfer, jeweils eine Nachrichtenlesung und anschließend einen Ausschnitt aus einem Gespräch, das beide miteinander führten.

Transkribieren Sie die Texte eng. Im Lösungsteil finden Sie die entsprechenden Ausschnitte in transkribierter Form. Versuchen Sie, die wesentlichen Unterschiede zwischen dem Sprechstil der Nachrichten und dem des Gesprächs zu erfassen. Berücksichtigen Sie dabei besonders die in 9.2 beschriebenen Gesprächsmerkmale.

🔊 Übung und Tonbeispiele 11.3–11.5

Phonostilistisch vergleichende Betrachtungen zu den Übungstexten

Vergleicht man die gelesenen Nachrichten und das Gespräch von D. K. Mäurer und G. Töpfer, fällt zunächst die unterschiedliche **prosodische** Form beider Textsorten auf.

Beide Sprecher lesen die Nachrichtenmeldungen so, dass sie als solche sofort erkennbar sind. Die vorliegende Schriftform, das daraus resultierende reproduzierende Sprechen sowie die Informationsdichte von Nachrichten bedingen relative Konstanz in der prosodischen Gestaltung insgesamt und eine geringere Schwankungsbreite in der Varianz einzelner Parameter.

Obwohl beide Sprecher die Nachrichten vollkommen textsortenangemessen realisieren, bleiben individualstilistische Besonderheiten erhalten. Am Beispiel ausgewählter Sequenzen (NT08, NM15, vgl. Abb. 9.2 und 9.3) sollen diese und die die Textsorten unterscheidenden prosodischen Eigenschaften demonstriert werden. Im Einzelnen sind das Merkmale der Melodisierung (mittlere Sprechstimmlage [MSL] und Tonhöhenumfang), der temporalen Struktur (mittlere Sprechgeschwindigkeit [MSG] und Pausensetzung) und die Stimmqualität.

Dietrich Karl Mäurer

Betrachtet man den Verlauf der Melodie in Abbildung 9.2, so entstehen für die Nachrichten und das Gespräch unterschiedliche Strukturen.

Abbildung 9.2: Tonhöhenunterschiede zwischen Gesprächs- und Nachrichtenstil an einzelnen Verläufen des Sprechers D. K. Mäurer exemplarisch dargestellt

In den Nachrichten werden melodische Akzente durch Intervalle in der Größe einer großen Terz bzw. einer Quarte realisiert. Diese Intervalle entsprechen den für die Indifferenzlage angegebenen Durchschnittswerten (Fiukowski 2004, 72). Zudem zeigt sich eine ausgewogene Kurve, die vor allem im Mittelteil etwas weniger Bewegung aufweist und somit Anfang und Ende der Äußerung (Thema-Rhema-Akzentierung) vor diesem Mittelteil kontrastiert. Mit einer mittleren Sprechstimmlage um AIS (≈ 116.2 Hz) befindet sich der Sprecher an der oberen Grenze der Bassstimmlage mit Tendenz zum Bariton (Wirth 1995, 123).

Im Gespräch werden auf engerem Raum größere Intervalle (im Bereich einer großen Sexte) realisiert, ohne dass sich dabei die MSL verändert. Dadurch entsteht eine Kurve, die sich durch relativ starke melodische Akzentuierungen auszeichnet.

Bezüglich der temporalen Struktur unterscheiden sich die beiden Textsorten kaum. Die mittlere Sprechgeschwindigkeit (MSG) für die Nachrichten liegt bei 5.9 Silben pro Sekunde und damit leicht über der MSG des Gesprächs mit 5.7 Silben pro Sekunde. Diese Werte liegen an der oberen Grenze des von Goldman-Eisler (1968, 24) mit 4.4–5.9 Silben pro Sekunde angegebenen Normbereichs.

Zudem werden im Gespräch Planungspausen und agogische Phänomene (Verzögerungen und Beschleunigungen) realisiert, so dass die Sprechgeschwindigkeit insgesamt als weniger ausgeglichen empfunden wird.

Für die Gesprächssequenz lassen sich darüber hinaus Veränderungen in der Stimmqualität beschreiben. Das Timbre der Stimme ist etwas heller als in der Nachrichtenaufnahme. Einige Passagen weisen Entstimmungen und Knarranteile über mehrere Silben auf. Der Stimmklang wirkt so etwas weniger sonor und ausgewogen.

Gunnar Töpfer

Sprechmelodieumfang und Melodievariation sind bei diesem Sprecher relativ groß. Insbesondere fällt auf, dass G. Töpfer die Sprechmelodie sehr stark absenkt. Seine sehr tiefen Satzschlüsse signalisieren fast überdeutlich Kompetenz und Männlichkeit und kontrastieren mit den helleren höheren Melodieteilen, die einen noch jungen Sprecher vermuten lassen. Im Vergleich zu D. K. Mäurer wirken Sprechmelodie und Timbre weniger homogen.

Im Einzelnen kann der melodische Verlauf der ausgewählten von G. Töpfer gesprochenen Sequenzen wie folgt beschrieben werden: Der Sprecher zeichnet sich durch eine sehr tiefe mittlere Sprechstimmlage aus, die für das Gespräch mit $\approx$ 106.2 Hz (GIS) an der unteren Grenze des für den Bass angegebenen Bereichs und mit $\approx$ 80.4 Hz (E) für die Nachrichten ca. 1 Terz unter den Normwerten liegt.

Unterschiedliche Sprechmelodieverläufe für den Sprecher Töpfer sind in Abbildung 9.3 dargestellt.

Mit melodischen Intervallen, die etwa einer Quarte entsprechen, und kleineren Bewegungen in der Binnenstruktur zeigt sich, verglichen mit D. K. Mäurer, eine leicht bewegtere Kurve für die Nachrichten. Auffällig ist der extrem große Melodieumfang von $1\frac{1}{2}$ Oktaven (große Dezime) zwischen den Extrempunkten in der Gesprächssequenz. Der starke Abfall in eine extreme Tiefe ist begleitet von Entstimmungen und Knarranteilen, sowohl bei den Nachrichten als auch im Gespräch.

In Bezug auf ihre temporale Beschaffenheit kann die MSG für die Nachrichten mit 7,2 Silben pro Sekunde und für den Gesprächsausschnitt mit 7,7 Silben pro Sekunde als extrem hoch beschrieben werden. Das als sehr schnell empfundene Sprechen ist zudem auf extrem kurze Pausen und geringe Modulation in der Agogik zurückzuführen.

Zusammenfassend kann festgestellt werden, dass beide Sprecher gelesene Nachrichten und freies Gespräch als unterschiedliche Textsorten prosodisch hörbar verschieden gestalten, ohne individualstilistische Besonderheiten aufzugeben.

Abbildung 9.3: Tonhöhenunterschiede zwischen Gesprächs- und Nachrichtenstil an einzelnen Verläufen des Sprechers G. Töpfer exemplarisch dargestellt

Sie realisieren beide für die Nachrichten kleinere melodische Intervalle, wohingegen
die melodische Variabilität sowohl quantitativ (Häufigkeit der Akzente) als auch qualitativ (Größe der Intervalle) für das Gespräch zunimmt.

Zur Sprechgeschwindigkeit kann bemerkt werden, dass sie im Gespräch variabler ist und
mit zunehmender Spontanität und Lebhaftigkeit eher zunimmt (besonders bei G. Töpfer).
Pausen erscheinen unregelmäßiger. Die Anzahl kurzer Sprechtakte nimmt zu. Ebenfalls
erhöht sich der Anteil der Pausen an der Gesamtsprechzeit.

Auch **segmental** unterscheiden sich die Nachrichten von den Gesprächsäußerungen. Die
relative prosodische Ausgewogenheit der Nachrichten ist mit vergleichsweise großer artikulatorischer Präzision verbunden. Im Gespräch fällt dagegen sofort die größere Lässigkeit
auf. Satzellipsen (z.B. GJ05–10), stark kontrahierte Gradpartikel (z. B. GJ20 <irgendwie>
[ɪŋvi], GJ30 <irgendwo> [ɪɣn̩ʋə], GJ42 <eigentlich> [aɛ̃ŋgɪʐ], GJ24 <einfach> [ãɛ̃fa],
reduzierte enklitische Pronomina und Artikel (GJ11) usw. prägen das Bild. Assimilationen
und Elisionen sind wesentlich häufiger. Das schlägt sich im deutlich höheren Anteil **elidier-
ter Silben** im Vergleich zur phonetisch vollständigen Textform nieder. Im Nachrichtentext

fallen nur ausnahmsweise Silben aus (ca. 1 %). Im Gespräch werden dagegen im Vergleich zur phonetisch vollen Form ca. 10 % der Silben nicht realisiert.

Silbenzahl und Silbenverlust resultieren großteils aus der Aussprache des **Suffixes** <-en>. Bereits die Nachrichten wurden überwiegend ohne Schwa gelesen. Nur nach Nasalkonsonanten und teilweise [ʁ] werden volle Formen mit Vokal realisiert (wenige Ausnahmen). Im Gespräch finden sich gar keine vollen Suffixe <-en> mehr (eine Ausnahme, die sehr emphatisch wirkt).

Bei **Plosiven vor** <-en> fällt in beiden Textsorten auf, dass bei Ausfall des Schwa der Plosiv nach homorganem Nasal nur noch durch eine Unterbrechung der Stimmbeteiligung (Knarrstimme oder Stimmlosigkeit) markiert wird. Die Velumhebung unterbleibt (NM03 <gefunden> [gəfʊnˀn̩], NM14 <ausblenden> [a̯ʊsb̥lɛnn̩n̩], NM23 <Patienten> [pʰaˈtsjɛnn̩n̩], GJ26 <Studenten> [ʃʊdɛnn̩n̩]).

Gesprächstypisch ist der regelhafte **T-Ausfall** in den gebrauchshäufigen Wörtern <ist, jetzt, nicht>. In den Nachrichten werden diese Wörter mit [t] realisiert. Bei <und> und <sind> schwankt im Gespräch der Gebrauch.

Der **Lateralapproximant** fällt im Gespräch häufig aus, und zwar in <mal, viel> und <also>.

Andere in 9.2 als phonostilistisch differenzierend beschriebene Eigenschaften werden in unseren Beispieltexten nicht wie erwartet deutlich differenzierend ausgesprochen. Dazu gehört die Vokalaussprache in Artikeln und Pronomina. Beide Sprecher benutzen in beiden Textsorten wortspezifisch mal gespannte und mal ungespannte Vokale. Der Artikel <der> wird beispielsweise eher mit ungespanntem [ɛ], <die> dagegen in den Nachrichten wie im Gespräch mit gespanntem [i] realisiert.

Ebenfalls gibt es keine klaren Unterschiede bei der Aussprache von R nach Kurzvokalen.

Eine eindeutige **phonostilistische Einordnung** (vgl. 9.2) beider Texte ist nicht möglich. Die Nachrichten genügen einerseits nicht in allen artikulatorische Parameter der gehobenen Stilebene der Standardaussprache: Zum Beispiel werden Lenis-Plosive vor reduzierten <-en> assimiliert. Vokale in Artikeln und Pronomina werden qualitativ verändert. Andererseits erscheinen statt der gesprächstypischen Reduktionen vollständige Realisationen: Zum Beispiel werden <-en> nach Nasalkonsonanten voll realisiert. Innerhalb der phonostilistischen Ebene des standardsprachlichen Gesprächs würden alle Endungen <-en> ohne Schwa gesprochen. Die Wörter <ist, jetzt, nicht> werden mit Plosiv artikuliert. Im Gespräch wäre das nicht der Fall.

Die Nachrichtenlesungen beider Sprecher weisen also offensichtlich Eigenschaften der gehobenen Stilebene wie des gehobenen standardsprachlichen Gesprächs auf.

Im Gespräch ist die artikulatorische Präzision nicht konstant. D. K. Mäurer beginnt in relativ ruhiger Sprechweise deutlich artikulierend. Er realisiert offensichtlich gehobene Gesprächslautung. Das Gespräch wird aber schnell lebhafter. Ellipsen, Assimilationen, Relaxationen und Elisionen werden häufiger, die Aussprache wechselt in die lässige Stilebene des standardsprachlichen Gesprächs. Solche Einordnungsprobleme sind normal und darin begründet, dass Kommunikationssituationen sich im Kommunizieren verändern. Dies wird artikulatorisch reflektiert oder drückt sich durch die phonetische Form aus.

10 Umgangssprachen

Eine anspruchsvolle Aufgabe der Gegenwart ist die Erforschung des Varietätenbereichs zwischen Standard und Dialekten, des Bereichs der Umgangssprachen / Regionalstandards (Baßler und Spiekermann 2001, 2) / regionalen Gebrauchsstandards (Bernd 2004, 143), um nur einige Varietätenbezeichnungen zu nennen. Ohne die Einbeziehung der phonetischen Form ist das kaum möglich. Das bedeutet, dass zuverlässige, vergleichbare Transkriptionen gerade solcher Äußerungen erstellt werden müssen. Diese Aufgabe erweist sich als besonders schwierig.

Je weiter man sich beim Versuch eng zu transkribieren im Dialekt-Standard-Kontinuum vom Standard entfernt, desto schwieriger wird es, den Höreindruck adäquat durch IPA-Symbole wiederzugeben.

Zum einen erschweren die Fremdheit des Höreindrucks und die Schwierigkeit, das Gehörte artikulierend nachzuvollziehen die Transkription. Man erfährt, dass was man nicht artikulieren kann auch schlechter hörend erfassbar, unterscheidbar und klassifizierbar, d.h. transkribierbar ist. Erst bei längerer Beschäftigung mit dem Regiolekt gelingt es, Gleiches konstant zu transkribieren und Sicherheit in der Zuordnung des Gehörten zu erlangen.

Zum anderen findet sich oft kein aus der Standardtranskription bekanntes IPA-Symbol, dass allein geeignet wäre, das Gehörte wiederzugeben. Man benötigt also relativ viele Diakritika und ansonsten im Deutschen ungebräuchliche Lautsymbole. Die Transkriptionen erscheinen überfrachtet und schwer lesbar.

An dieser Stelle sollen Aufnahmen und Transkriptionsproben zu exemplarisch ausgewählten Umgangssprachen vorgestellt werden, die Ergebnis des Versuches sind, regionale Variation mit Hilfe des IPA zu erfassen. Zunächst wird eine einführende Überblicksdarstellung zu der jeweiligen Varietät, die die ausgewählten Aufnahmen repräsentieren, gegeben. Transkribierte Beispiele, die auch als Klangdatei gegeben sind, illustrieren die Darstellung. Im Kapitel 11 finden sich dann unter 11.6 bis 11.8 kurze Übungen zu den ausgewählten Umgangssprachen.

Bisher nicht verwendete Transkriptionszeichen sind unter 1.2 aufgelistet und mit Hörbeispielen aus dem Korpus des Buches belegt.

10.1 Umgangssprache der Stadt Halle (Saale)

10.1.1 Sprachgeografischer Hintergrund

Die Umgangssprache der Stadt Halle (Saale) hat sich vom Mittelalter bis heute auf der Grundlage einer ehemals niederdeutsch geprägten Stadtsprache zu einer ostmitteldeutschen städtischen Umgangssprache entwickelt. Halle liegt an der Saale, der Grenze vom obersächsischen zum thüringischen Sprachgebiet. Aus dialektologischer Sicht ist die Einordnung der

Stadt Halle nicht eindeutig: Manche Autoren rechnen Halle zum obersächsischen Sprachraum (Bergmann und Becker 1969; Bergmann 1990). Andere wiederum zählen das Hallische zum thüringischen Sprachgebiet (Spangenberg 1998; Lemmer 1998). Die Zuordnung zum thüringischen Sprachgebiet wird sprachhistorisch damit begründet, dass die deutsche Besiedlung des östlichen Saaleraumes vom so genannten "Altland" westlich der Saale ausging (Lemmer 1998, 108).

Aus heutiger Sicht kann die Umgangssprache von Halle nicht mehr zu einem dieser Gebiete eindeutig zugeordnet werden, da die Halle-Leipziger-Tieflandsbucht als "offenes Tor" (Rosenkranz 1964, 90) fungiert, durch das umgangssprachliche Formen vom Raum Magdeburg-Halle-Leipzig in den ostthüringischen Raum dringen und die Mundarten im Mansfeldischen und Altenburgischen aufgelöst haben (Rosenkranz 1964, 277). Auch Bergmann und Becker (1969, 104) kennzeichnen das Gebiet zwischen dem mitteldeutsch-meißnischen Süden und dem niederdeutschen Norden als "Übergangslandschaft" ohne sprachlich-kulturelle Eigenständigkeit. So liegt für das Hallische eine Kombination umgangssprachlicher Merkmale auf allen Sprachebenen vor, die diesen Durchmischungscharakter widerspiegeln.

In vielen segmentalen Merkmalen deckt sich die Umgangssprache von Halle mit der Umgangssprache in Städten des obersächsischen Sprachraumes. Wenn man aber die Einwohner von Halle befragt, ob das Hallische mit zum Obersächsischen zu zählen ist, trifft folgendes Zitat von Lemmer (1998, 106) zu: "Fremde meinen oft, das Hallesche sei sächsisch. Die haben nicht richtig hingehört, denn schon der Sprechklang widerlegt eine solche Ansicht. Der Hallenser "singt" nicht wie der Obersachse." Die Unterschiede sind wahrscheinlich eher auf der suprasegmentalen Ebene zu suchen. Das meint auch Spangenberg (2000, 26), wenn es um die Abgrenzung des thüringischen und obersächsischen Sprachraumes geht: "In der Wahrnehmung von außen verwischen sich nicht selten die Konturen regionaler Differenziertheit, lassen jedoch suprasegmentale Faktoren wie Sprachmelodie und Akzentuierung besonders hervortreten."

10.1.2 Merkmale der Umgangssprache von Halle

Eine ausführliche und präzise Zusammenstellung der hallischen Lautung auf der Wortebene gelingt Schönfeld (1964), der allerdings einige Typika der Umgangssprache von Halle – wie beispielsweise die koartikulatorischen Besonderheiten in der unakzentuierten Silbe und auf der Äußerungsebene – nur am Rande erwähnt. Die folgende Beschreibung stützt sich (auch mit den Beispielen) neben eigenen Untersuchungen auf die Angaben von Schönfeld (1964).

Vokalische Merkmale

Im Bereich der Vokale kommt es aufgrund der niedrigen Muskelspannung in der hallischen Umgangssprache und der damit verbundenen geringeren Zungen- und Lippentätigkeit zu Entrundungs-, Öffnungs- und Zentralisierungserscheinungen. "Die Zunge wird bei der Lautbildung nur in geringem Maße aus der Ruhelage entfernt. Die Vokale werden fast immer zurückgezogen gebildet und klingen dadurch dumpf und trübe." (Schönfeld 1964, 593).

A-Laute Die A-Laute treten als vorderes [a] sowie hinteres [ɑ] bis hin zum offenen [ɔ] auf. Die Verlagerung der A-Laute nach hinten ist stark vom Lautkontext abhängig: Vor hinteren Konsonanten [g], [x] sowie den verschiedenen R-Lauten treten Verlagerungserscheinungen des A-Lautes zum [ɑ] bzw. [ɔ] hin auf. Die auftretenden Varianten beim kurzen A-Laut sind [a ɑ ɑ̈ ɔ], z. B. in <machen, Ganger> ['maxn̩, 'ɡ̊ɑŋɡ̊ɐ]. Beim langen A-Laut kommen Lautrealisierungen wie [aː ɑː ɑ̈ː ɔː] vor, z. B. in <fahren, Haare> [fɑːʁn̩, 'hɑːʁə].

O- und U-Laute Die O- und U-Laute werden meist etwas geöffnet und entrundet, bei kurzen O- und U-Lauten tritt Zentralisierung hinzu. Das kurze [ʊ] wird vor R häufig zu [ɔ] gesenkt, z. B. <Turm, Wurm, durch> [d̥ɔʁm, vɔʁm, d̥ɔʁç].

E-Laute Das umgangssprachliche kurze offene [ɛ] weicht nicht sehr vom standardsprachlichen, kurzen [ɛ] ab. Das lange geschlossene [eː] wird teilweise zum [ɛː] geöffnet, z. B. in <Leben> ['lɛːbm̩] oder [lɛːm], <sehr> [zɛːɐ̯]. Teilweise findet eine Ersetzung des langen offenen [ɛː] durch [eː] statt, z. B. in <Gerät> [ɡ̊ə'ʁeːd̥] oder [jə'ʁeːd̥] / [çə'ʁeːd̥], <Qualität> ['ɡ̊vɑli'd̥eːd̥], wobei diese Erscheinung ja in der Umgangssprache allgemein zu verzeichnen ist.

I-Laute Die I-Laute sind artikulatorisch etwas gesenkt, in der älteren Literatur wird die Senkung von [ɪ] zu [ɛ] angegeben, z. B. in <Kirche> ['ɡ̊ɛʁçə], die aber heute kaum noch nachweisbar ist. Weiterhin wird das [ɪ] vor R-Laut und [ʃ] zu [ʏ] gerundet, z. B. in <hallisch> ['hɑlʏʃ], <wird> [vʏʁd̥].

Ö- und Ü-Laute Die Ö- und Ü-Laute werden entrundet, wobei zentralisierte und entrundete Varianten zwischen [øː] und [eː], z. B. in <König, blöde> ['ɡ̊eːnɪç, 'ble:d̥ə], zwischen [œ] und [ɛ], z. B. in <Köpfen, Löcher>, ['ɡ̊ɛbm̩, 'lɛçɐ], zwischen [yː] und [iː], z. B. in <drüben, Bügel> ['d̥ʁiːbm̩ / 'd̥ʁiːm, 'biːçl̩] sowie zwischen [ʏ] und [ɪ], z. B. in <Bündel, Brücke> ['b̥ɪndl̩, 'b̥ʁɪɡ̊ə] auftreten. In Extremfällen werden Wörter wie <können> und <kennen> als [ɡ̊en] oder <Tür> und <Tier> als [d̥iːɐ̯] ausgesprochen und können auditiv nicht unterschieden werden. Schönfeld (1964, 593) ist der Auffassung, dass im Hallischen die gerundeten Vorderzungenvokale fehlen. Davon kann nicht gesprochen werden, denn das Auftreten dieser Entrundungen rechnet nach Spangenberg (1998) zu den Markern für die "dialektnahe" Umgangssprache, so dass in standardnäheren Varianten des Hallischen auch gerundete Vorderzungenvokale zu finden sind.

Diphthonge Ebenso findet man in der Umgangssprache von Halle die Monophthongierung der Diphthonge [ao̯] zu [oː] und [ae̯] zu [eː], wenn ein mhd. Diphthong zugrunde liegt. Auch diese Erscheinungen sind in Wörtern wie <Baum, laufen, Beine> [b̥oːm, 'loːfn̩, b̥eːnə]

Anzeichen für den Gebrauch einer eher "dialektnahen" Umgangssprache (bzw. Zeichen starker regionaler Färbung) (Spangenberg 1998). Die Monophthongierung des Diphthongs [ao̯] im häufig gebrauchten Wort <auch> [ʔoːx] tritt auch in standardnäheren Schichten der Umgangssprache von Halle auf (Spangenberg 1998).

Konsonantische Merkmale

Auch in der Umgangssprache von Halle (vgl. Schönfeld 1964, 392f; Lemmer 1990, 6) – wie im obersächsisch-thüringischen Sprachgebiet allgemein (vgl. Krech et al. 1982, 17; Hirschfeld 1999, 116) – wirkt sich die niedrige Sprechspannung auf die Bildung der Konsonanten (vor allem der Plosive) aus. Bei den Plosiven kommt es zum Zusammenfall der Fortisplosive [p t k] und Lenisplosive [b d g] zu den stimmlosen Lenisplosiven [b̥ d̥ g̊] (binnendeutsche Konsonantenschwächung), z. B. in <Puppe> [ˈb̥ʊb̥ə], <Treppe> [ˈd̥ʁɛb̥ə], <Kurve> [ˈg̊ɔʁvə], <Bett> [b̥ɛd̥], <Tag> [d̥aːx]. Im Anlaut vor [l] und R-Laut wird [b d g] manchmal zu [p t k] fortisiert, z. B. in <Blume> [ˈpluːmə], <gratulieren> [kʁad̥uˈliːɐ̯n], <glatt> [klad̥]. Die Auslautverhärtung ist teilweise abgeschwächt, z. B. in <Bad> [b̥aːd̥], <Kind> [g̊ɪnd̥].

Anlautendes [g] wird zu [j] oder [ç] frikatisiert,, z. B. in <geboren> [jəˈb̥oːɐ̯n] oder [çəˈb̥oːɐ̯n], <gekauft> [jəˈg̊ao̯fd̥] oder [çəˈg̊ao̯fd̥]. Auslautendes <g> ([k]) wird zu [x] nach dunklen Vokalen, z. B. in <Tag> [d̥aːx], zu [j] oder [ç] nach hellen Vokalen, [l] und R-Laut frikatisiert, z. B. in <Markt> [maʁçd̥], <Berg> [b̥ɛʁç]. Nach R-Laut, [l] und in intervokalischer Position wird [b] zu [v] bzw. [β] frikatisiert, z. B. in <Weiber> [ˈvae̯βɐ], <Giebel> [ˈg̊iːβl̩] oder [ˈjiːβl̩], <Garbe> [ˈg̊aʁβə] oder [ˈjaʁβə].

Die Frikative werden im Anlaut von [z] zu [z̥] mit teilweiser Fortisierung zu [s] entstimmlicht. In der Verbindung <st> nach R-Laut wird [s] zu [ʃ], z. B. in <erst> [ʔɛʁʃd̥] (vereinzelt bei älteren Personen).

Der Frikativ [ç] wird teilweise zu [ɕ] koronalisiert (meist bei Personen jüngeren oder mittleren Alters).

Die Affrikate [pf] erscheint im Anlaut als [f], z. B. in <Pfeffer> [ˈfɛfɐ], <Pfütze> [ˈfɪdsə]. [pf] wird im In- und Auslaut in dialektnaher Umgangssprache als [p] (meist lenisiert zu [b̥]) gesprochen, z. B. in <Tropfen> [ˈd̥ʁɔb̥m̩], <knüpfen> [ˈg̊nɪb̥m̩], <schimpfen> [ˈʃɪmb̥m̩].

Im absoluten Silbenanlaut tritt R meist als uvularer Reibelaut [ʁ] auf. Im Silbenanlaut nach Plosiven und Frikativen wechselt die stimmhafte Variante [ʁ] mit der stimmlosen Variante [ʁ̥] oder [χ] in Abhängigkeit vom phonetischen Kontext. Nach Langvokalen treten häufig vokalisierte R-Varianten auf, so dass eine Lautverbindung entsteht, die einem Diphthong gleicht. Weiterhin treten nach langem Vokal oft approximantische Varianten von R (z. B. [ɰ] oder [ʁ̞]) auf, wobei diese bis zur Anlautstellung reduziert werden. Ebenfalls erscheinen eine Reihe von R-Elidierungen nach Langvokal. Nach Kurzvokalen sind häufige vokalisierte R-Varianten sowie Elidierungen von R festzustellen. Kurz- und Langvokale vor R ändern oft ihre Qualität und Quantität (vgl. oben). Das vokalisierte R in unbetonten Vor- und Nachsilben <er-, ver-, zer-> sowie <-er, -ern> tritt häufig mit einer Färbung des [ɐ] in Richtung [ɔ] auf. In den vorhergehenden Beispielen wurde das zum [ɔ] verlagerte Tief-schwa [ɐ] durchgängig mit [ɐ] gekennzeichnet. In der neueren Literatur wird auch auf den Aspekt der Pharyngalisierung von R-Varianten als Merkmal des obersächsischen Sprachge-bietes verwiesen, die auch für die Umgangssprache von Halle zutreffen (Auer et al. 1993; Barden und Großkopf 1998).

Koartikulatorische Merkmale

Abgesehen von den lautlichen Besonderheiten in der betonten Silbe, die bisher vorran-gig behandelt wurden, gibt es verschiedene koartikulatorische Merkmale, die außer der segmentalen Ebene auch die suprasegmentale Ebene betreffen. Die niedrige artikulatori-sche Sprechspannung in der hallischen Umgangssprache wirkt sich neben der Verringe-rung der Artikulationsbewegungen auch auf Spannungs- und Dauerverhältnisse sowie auf Assimilations- und Reduktionserscheinungen in Abhängigkeit von der Akzentuierung (be-sonders in unbetonter Satzposition) und Wortart (bei Funktionswörtern wie Synsemanti-ka, Enklitika, Proklitika) aus. Hier wären beispielsweise zu nennen: Reduktion der Schwa-Silben <-en, -em, -el> bis zur Totalassimilation, z. B. in <haben> zu [haːbm̩] bzw. [ham], Ausfall von Endkonsonanten [t], z. B. in <nicht> [nɪç] bzw. [l] in <mal> [mɑː], Redu-zierung von Artikeln und Pronomina, z. B. in <er> zu [ɐ], <sie> zu [z̥ə], <ein> zu [n], <eine> zu [nə], Reduktion häufig gebrauchter Wörter, Zusammenzug von Wortgruppen zu "phonetischen Wörtern" mit dem Wegfall des Neueinsatzes, damit einhergehender Silben-verlust und Verlust von Wortgrenzenmarkierungen, z. B. in <habe ich> zu [haβ‿ɪç] bzw. [haɪç], <hatten wir> zu [had̥mɐ] bzw. [hamɐ]. Die aufgeführten Koartikulations- und Re-duktionserscheinungen lassen sich nicht nur in der Umgangssprache von Halle nachweisen, sondern sind auch allgemein in der phonostilistischen Ebene des Gespräches zu belegen (Meinhold 1973; Rues 1993).

Sonstiges

Für die Umgangssprache von Halle lassen sich neben den segmentalen Merkmalen auch noch weitere Besonderheiten feststellen. Besondere Marker scheinen Sprechersignale (An-hängsel, Partikel) zu sein, mit denen der Sprecher prüft, ob das, was er sagt und kommuni-kativ tut, auch vom Hörer mit Aufmerksamkeit und Verständnis begleitet wird (Schwitalla 1976, 86). Die regionale Verbreitung von Sprechersignalen wird bei Protze (1995, 1997) wie folgt angegeben: <nich(t) wahr, ni (ne) wohr> für die Lausitz, die Sächsische Schweiz und Mittelsachsen, <gelle, gell, gä> für Thüringen, das Vogtland, den Aue-Zwickauer-Raum, <wahr, wa> für den Berliner Raum mit Spreewald bis Zerbst-Merseburg und Ortrand. Für Halle wird <nich(t)> belegt, <wahr, wa> ist nicht angegeben. Allerdings haben gerade eigene Untersuchungen ergeben, dass das <wahr> (häufig als [vɔː] gesprochen) eine wich-tige Markierung für die regionale Zugehörigkeit eines Sprechers zu Halle bedeutet.

10.1.3 Beschreibung einer Stichprobe zur hallischen Umgangssprache

Innerhalb der Umgangssprache von Halle gibt es starke Variationen hinsichtlich der Ausprägung regionaler Marker. Zur Vorstellung der Besonderheiten wurde eine stark regionale Stichprobe (Obsthändlerin, ca. 50 Jahre alt) ausgewählt. Die Aufnahme entstand bei einer spontanen Befragung auf dem Marktplatz der Stadt Halle. Daher rühren auch Hintergrundgeräusche (Straßenbahn, Verkaufsgespräche). Durch die Kürze der Probe bedingt können nicht alle aus der Literatur (siehe vorne) bekannten segmentalen (und intonatorischen) Merkmale beschrieben werden (z. B. gibt es keine Belege für die Lautqualitäten von [ø], [œ], [pf]). Es treten aber auch einige phonetische Merkmale auf, die bisher in der Literatur nicht beschrieben wurden, so z. B. die pharyngalisierten Varianten des R-Lautes oder die Interjektionen <na> und <wahr>. Teilweise werden phonetische Phänomene beschrieben, die nicht nur in der regionalen, sondern auch in der überregionalen Gesprächslautung auftreten. So wird nachfolgend vor allem auf die wichtigsten in der Aufnahme vorkommenden regionalsprachlichen Marker eingegangen:

- Verlagerungen, Entrundungen, Zentralisierung der Vokale

- Monophthongierungen der Diphthonge

- Diphthongierungen von Langvokalen

- Zusammenfall der Plosive [p t k] und [b d g] zu [b̥ d̥ g̥]

- Koronalisierung von [ç] zu [ɕ]

- Frikatisierungen von [g] und [k]

- Pharyngalisierungen von R

- Koartikulatorische Merkmale

- Interjektionen <na> und <wahr>

Markierungen im Bereich der Vokale und Diphthonge

A-Laute   Markant sind für die Umgangssprache von Halle hintere A-Varianten, die zwischen [ɑ] und [ɔ] liegen. Sie erscheinen vor <r, ch> und frikatisiertem <g>, manchmal auch, wenn <r> dem <a> vorausgeht, z. B. in <machen[HA16]>[1] [mãɐ̃ʁ̃], <mache[HA03]> [mãɐ̃ʁ], <Markt[HA06]> [ˈmɒ̃ːɪçt̚], <wahr[HA10]> [ˈʋɒ̃ː], <Gratulationen[HA30]> [g̥ʁɑdulɑ̆ˈtsjəːn], <Pralinenkasten[HA32]> [b̥ʁɑdulĭ̃ːnkastn̩]. Oft wird die Graphemverbindung <-ar-> auch diphthongiert, z. B. in <Markt[HA06, HA13]> [mɒ̃ːɪçt̚, mɔ̃ɔ̃j̃]. Auch vor anderen Lauten (hier [s]) wird langes A diphthongiert, z. B. in <Spaß[HA10]> [ˈʃb̥ɑ̃ːɔ̃sː].

---

[1] Die indexikalischen Quellenangaben für die zitierten Angaben beziehen sich auf die Zeilennummerierungen in 15.6.

E-Laute Bei der Probandin wurde das lange, geschlossene [eː] tendenziell zum [ɛ] hin gesprochen, wobei die Länge des Lautes teils gekürzt wurde, z. B. in <eben_HA16> [ɛ̯ːm], <geehrt_HA25> [jɪˈɛ̯ɛ̯ˤdˤ], <MDR_HA29> [ɛmdɛ̯ ˈɛ̯ɛ̯ˤ]. Weiterhin wird auch [eː] diphthongiert, z. B. in <Fernsehfunk_HA26> [ˈfɛɛ̯ˤnˤzɛ̆ǝfɣˠŋg̊]. Bei Formwörtern und Zahlwörtern wird [eː] gekürzt, qualitativ zum Schwa [ǝ] verändert und fällt bei extremen Kürzungen und Zusammenziehungen aus, z. B. in <neunzehnhundertsechsundzwanzig_HA14> [nɜǝnzɛ̯ˤt̪zɛ̪ksn̩ˈtsβandzɪç], <auf dem_HA13> [ʌvm̩]. Das kurze offene [ɛ] und das lange, offene [ɛː] wurden ähnlich den Vokalen [ɛ] und [ɛː] der Standardsprache realisiert, z. B. in <Fernsehfunk_HA26> [ˈfɛɛ̯ˤnˤzɛ̆ǝfɣˠŋg̊] bzw. tendenziell geschlossener gesprochen, z. B. in <neunzehnhundertsechsundzwanzig_HA14> [nɜǝnzɛ̯ˤt̪zɛ̪ksn̩ˈtsβandzɪç], <Scherf_HA28> [ˈʃɛɛ̯ˤfˤː]. In häufig gebrauchten Wörtern wird [ɛ] zu [ǝ] zentralisiert, z. B. in <machen wir es_HA16> [mã̃ʁ̥ʁ̥ˈmiːǝs] oder fällt aus, z. B. in <macht es_HA10> [mɑʁts].

Schwa-Laut Der Schwa-Laut [ǝ] tritt in unbetonter Position auf. Hier wird er wie in der Gesprächslautung in den meisten Fällen reduziert, dabei fallen dann oft die gesamten Schwa-Silben <-en> und <-em> weg. Bei Ausfall der Silben [ŋən nən mən] wird der vorangehende Nasal [m n ŋ] häufig gelängt, z. B. in <Pralinenkasten_HA32> [b̥ʁẵˈliːn̩kastn̩], <Blumenfrau_HA27> [b̥luːmfʁ̥a̯o]. In Wortverbindungen wie <dusche ich_HA04> [d̥u̯ʒ ɪʐ], <gehe ich_HA06> [jeɪç], <mache ich_HA03> [mã̃ʁ̥ɪ̃ç] fällt das auslautende Schwa aus, wenn es auf einen Vokal trifft. Ansonsten kommt das Schwa, abhängig vom Lautkontext natürlich in unterschiedlichen Färbungen und Varianten vor, z. B. in der Vorsilbe <ge-> als [ǝ], z. B. in <gekriegt_HA30> [jǝkʁ̥ɪçtʰ], <weitergeführt_HA15> [ˈva̯ɛdǝˤjǝfÿːʁ̥ˤtˤ] oder als [ɪ] in <gestanden_HA13> [jɪʃdann̩]. Die Variantenanzahl ist noch viel zahlreicher und kann hier nicht bis ins Detail ausgeführt werden. Des Weiteren tritt Schwa [ǝ] auch zu einem Wort dazu z. B. in <dreie_HA02> [d̥ʁ̥a̯ɛǝ].

I-Laute Die kurzen und langen I-Laute treten geöffnet und nach hinten verlagert – teilweise auch in der Qualität von [ɪ] – auf, z. B. in <ziehe ich_HA05> [tsi̯ɪʐ], <gekriegt_HA30> [jǝkʁ̥ɪçtʰ]. Auch lange, betonte Silben mit I-Laut werden zuweilen diphthongiert, z. B. in <Regine_HA27> [ʁeˈg̊iːǝnǝ]. Manchmal wird [ɪ] zu [ʏ] gerundet, z. B. in <richtiger_HA20> [ˈʁʏçɛ̯ˤ].

O-Laute Die O-Laute traten in der untersuchten Stichprobe allgemein entrundet, z. B. in <Großeltern_HA12> [ˈɣ̊ʁ̥oːsɛldɛ̯ˤnˤ], zentralisiert, geöffnet und gekürzt, z. B. in <schon_HA22> [ʃɔ̥n] oder zentralisiert, z. B. in <Gratulationen_HA30> [g̊ʁ̥ɑd̥u̯lẵˈtsjǝːnː] auf. Auch bei den O-Lauten findet man Diphthongierungen, z. B. in <Montag_HA23> [ˈmoːǝnta̯ʰ].

U-Laute Die langen U-Laute sind teilweise gesenkt, z. B. in <dusche$_{HA04}$> [d̥ʊːʒ], vorverlagert, z. B. in <Blumenfrau$_{HA27}$> [b̥lu̟ːm̩fʁ̥ao̯], <Gratulationen$_{HA30}$> [g̊ʁ̥ad̥u̟lǎˈtsjəːn̩ː], manchmal auch zentralisiert und gekürzt, z. B. in <zu$_{HA08}$> [tsə]. Hin und wieder treten auch Diphthongierungen auf, wie z. B. bei <Mutti$_{HA15, HA22}$> [ˈmʊ̯ə̯d̥i, mʊ̯ə̯tˢi]. Die Mundöffnung kann bei [ʊ] auch dermaßen gering sein, dass der Eindruck eines labiodentalen Konsonantens mit velarer Beteiligung entsteht, z. B. [ɣˣ] in <Fernsehfunk$_{HA26}$> [ˈfɛʁˤn̩ˤzẽ̯əfɣ̥ˣŋg̊].

Ö- und Ü-Laute Ö-Laute waren keine zu verzeichnen. Die kurzen und langen Ü-Laute treten oft entrundet, teilweise auch zentralisiert auf, z. B. in <früh$_{HA01}$> [ˈfʁy̯ː], <Frühstück$_{HA03}$> [ˈfʁyːʃd̥ɣ̥k], <weitergeführt$_{HA15}$> [ˈvaɛ̯d̥əˤjəfy̟ːʁ̥ˤtˤ].

Diphthonge Im Interviewausschnitt trat der Diphthong [ae̯] vorwiegend in diphthongischer Form auf, wobei der vordere A-Anteil in den meisten Fällen ein helles [a] war, das manchmal etwas erhöht oder nach hinten gelagert vorkam. Der hintere E-Anteil variiert in den Belegwörtern zwischen [e̯], [ɛ] und [ɜ], z. B. in <drei$_{HA02}$> [ˈd̥ʁ̥aɛ̯], <dreie$_{HA02}$> [d̥ʁaɛ̯ə], <eigentlich$_{HA10}$> [ˈaˑɜnĩj], <weiter$_{HA16}$> [ˈɣaɛ̯tʰẽ̯ˤ], <dabei$_{HA22}$> [d̥ɐvae̯]. Es kam eine monophthongische Variante von [ae̯] mit einem langen [aː] vor, z. B. in <meine$_{HA15}$> [maːnə̃].

Der Diphthong [ɔe̯] kam in der gesamten Probe nur einmal mit einer stark zentralisierten Variante als [ɜθ] im Belegwort <neunzehnhundertsechsundzwanzig$_{HA14}$> [nɜθnzɐ̝ˤtzɛksn̩ˈtsβandzɪç] vor.

Der Diphthong [ao̯] wurde im vorderen A-Anteil meist mit einem hellen [a] gebildet, der O-Anteil war teilweise vorverlagert, entrundet oder zentralisiert zwischen [o̞] und [ɵ], z. B. in <aufgebaut$_{HA07}$> [ˈəfço̞bao̯d̥], <verkaufen$_{HA08}$> [fʌˤˈkao̯fɹ̩], <Blumenfrau$_{HA27}$> [b̥lu̟ːm̩fʁ̥ao̯]. Die monophthongierten Varianten von [ao̯] wiesen einen erheblich größeren Variantenreichtum auf, z. B. [ʌ] in <auf dem$_{HA13}$> [ʌvm̩], mit entrundetem, geöffneten und vorverlagertem [o] in <auch$_{HA15}$> [o̝ɣ], mit zurückverlagertem und geknarrtem [ə] in <aufgebaut$_{HA07}$> [əfço̞bao̯d̥], mit gesenktem, unsilbischen [ʊ] in <auch$_{HA22}$> [ˈɜʊ̯].

Markierungen im Bereich der Konsonanten

Plosive In der vorliegenden Stichprobe zur Umgangssprache von Halle sind an erster Stelle einige Auffälligkeiten bezüglich der Plosive zu nennen. Auch in dieser stark umgangssprachlich geprägten Aufnahme sind die Plosive [p t k] und [b d g] stark aneinander angeglichen und werden oft als stimmlose Lenislaute [b̥ d̥ g̊] realisiert. In vielen Fällen fällt es nicht leicht, zu entscheiden, ob z. B. [p] oder [b̥], [t] oder [d̥], [k] oder [g̊] gesprochen wird, so z. B. in den Wörtern <Pralinenkasten$_{HA32}$> [b̥ʁ̥ă̆ˈliːn̩kastn̩], <drei$_{HA02}$> [ˈd̥ʁ̥aɛ̯].

Nach [ʃ] treten [p] und [t] immer in lenisierter, entstimmlichter Form [b̥] und [d̥] auf, z. B. in <Spaß_{HA10}> [ˈʃb̥ɑːɔ̯s̩], <später_{HA08}> [ˈʃb̥ɛd̥ɐ], <Frühstück_{HA03}> [ˈfʀyːʃd̥ʏk̟]. Auslautend erschienen die Fortislaute als [p t k], z. B. in <Familienbetrieb_{HA20}> [faˈmɪ̯ˑljənbətʀ̥iːp], <gekriegt_{HA30}> [jəkʀɪçtʰ], sowie mit abgeschwächter Auslautverhärtung als [b̥ d̥ g̊], z. B. in <aufgebaut_{HA07}> [ˈɔ̯fçəbaɔ̯d̥], <Fernsehfunk_{HA26}> [ˈfɛɐ̯ˤnˤzẽ̠ɔ̯fɣˠŋg̊]. Manchmal ist auch keine Verschlusslösung im auslautenden Plosiv zu hören, z. B. in <geehrt_{HA25}> [jɪˈɛɐ̯ˤd̚]. Koartikulatorisch bedingt kommt es zum Plosivausfall in häufig gebrauchten Wörtern, z. B. in <eigentlich_{HA10}> [ˈaˑɔ̯n̥ĩ̯j], wobei manchmal die gesamte Silbe ausfällt. An Wortübergängen fallen gelegentlich Plosive am Wortende aus, z. B. in <Markt_{HA13}> [mõ̠ɔ̯j̊], <Montag_{HA23}> [ˈmoːɔntaʰ].

Ein wesentliches Merkmal der Umgangssprache von Halle trat auch bei dieser Probandin sehr häufig in Erscheinung, nämlich die Frikatisierung der Laute [g] und [k]. Silbenanlautend wurde [g] vor R und vor Vokal frikativ realisiert, z. B. in <Großeltern_{HA12}> [ˈɣʀɔːsɛldɐˤnˤ], <gehe ich_{HA06}> [jeɪç]. In der Vorsilbe <ge-> traten ebenfalls frikative Laute für [g] auf, z. B. [j] in <geehrt_{HA25}> [jɪˈɛɐ̯ˤd̚], [j] in <gekriegt_{HA30}> [jəkʀɪçtʰ], [ç] in <aufgebaut_{HA07}> [ˈɔ̯fçəbaɔ̯d̥]. [k] wurde im gedeckten Auslaut in den Beispielen <Markt_{HA06}> [ˈmõ̠ːʀɪçt] und <gekriegt_{HA30}> [jəkʀɪçtʰ] als [ç] bzw. [ɕ] gesprochen.

Ich-Laut, Ach-Laut In verschiedenen Fällen wurde der Frikativlaut [ç] koronalisiert als stimmloses [ɕ], z. B. in <mache ich_{HA03}> [mãʀ̃ĩ̯ɕ], <richtiger_{HA20}> [ˈʀ̥ʏɕɐˤ], als stimmhaftes [ʑ] in <ich_{HA04}> [ɪʑ] realisiert, andere Fälle belegen auch [j] und [j̊].

Der velare Frikativlaut [x] wurde teilweise als stimmhafter Frikativ [ɣ], z. B. in <auch_{HA15}> [oɣ], mit uvularer Beteiligung als [ʁ] in <macht es_{HA10}> [m̥ɑʁts], als nasaliertes [ʁ̃] in <mache ich_{HA03}> [mãʀ̃ĩ̯ɕ] gesprochen.

R-Laute Der R-Laut wird in der hallischen Umgangssprache im absoluten Wort- oder Silbenanlaut bzw. im Wort- oder Silbenanlaut nach Konsonant als [ʀ] oder [ʀ̥] gesprochen, z. B. [ʀ] in <Regine_{HA27}> [ˈʀeˈg̊iːɔnə], <Gratulationen_{HA30}> [g̊ʀɑd̥ulã̠ˈtsjɵːn̩], <Pralinenkasten_{HA32}> [b̥ʀɑ̆ˈlĩ̠ːnˌkastn̩], <früh_{HA01}> [ˈfʀyːˌ], <Frühstück_{HA03}> [ˈfʀyːʃd̥ʏk̟], z. B. [ʀ̥] in <gekriegt_{HA30}> [jəkʀɪçtʰ], <drei_{HA02}> [ˈd̥ʀaɛ̯], <Blumenfrau_{HA27}> [blu̠ːmːfʀao̯].

Manchmal hört man auch einen uvularen Approximanten [ʁ̞], z. B. in <richtiger_{HA20}> [ˈʀ̥ʏɕɐˤ], <früh(er)_{HA12}> [fʁʏ̈ˑ]. Nach Vokal (Kurz- und Langvokal) wird R häufig vokalisiert und es entsteht ein Diphthong, z. B. in <Markt_{HA06, HA13}> [ˈmõ̠ːʀɪçt, mõ̠ɔ̯j̊]. Der Tiefschwa [ɐ], der auch als [ɐ̠] nach hinten verlagert sein kann, und als R-Vokalisierung auftritt, erscheint oftmals mit einer pharyngalen Beteiligung und erhält dadurch seinen dunklen und halsigen Klang. Diese pharyngalisierten R-Varianten (gekennzeichnet mit [ˤ]) lassen sich in dieser Aufnahme in vielen Fällen bei vokalisiertem R nach Kurz- und Langvokalen, z. B. in <geehrt_{HA25}> [jɪˈɛɐ̯ˤd̚], <Fernsehfunk_{HA26}> [ˈfɛɐ̯ˤnˤzẽ̠ɔ̯fɣˠŋg̊], <Scherf_{HA28}> [ˈʃɛɐ̯ˤːfˤː], <MDR_{HA29}> [ɛmdɐ̯ˈɛɐ̯ˤ] und auch bei orthografischer Endung <-er>, z. B. in <verkaufen_{HA08}> [fʌˤˈkaɔfrɪ̞ŋ], <Großeltern_{HA12}> [ˈɣ̊ʁo̝ːsɛ̝ldɐˤn̥ˤ], <neunzehnhundertsechsundzwanzig_{HA14}> [nɜ̝ɘnzɐ̝ˤt̯zɛ̝ksn̩ˈtsβandzɪç], <weiter_{HA16}> [ˈv̥aɐ̯t̪ʰɐ̃ˤ], <weitergeführt_{HA15}> [ˈvaɐ̯də̃ˤjɘfy̝ːɐ̯ˤt̪ˤ], <richtiger_{HA20}> [ˈʁ̯ɣçɐ̝ˤ] nachweisen.

Koartikulatorische Merkmale

Die für die Umgangssprache von Halle angegebenen koartikulatorischen Merkmale treten natürlich auch in dieser Sprechprobe auf. Ein Teil der benannten Eigenschaften wurde bereits beim Schwa-Laut [ə] und dessen Beschreibung für die Umgangssprache von Halle aufgeführt. Weiterhin erscheinen bei Zusammenziehungen und phonetischen Wörtern Auffälligkeiten hinsichtlich der Stimmhaftigkeit sonst stimmloser Konsonanten, z. B. wird der Wegfall einer Wortgrenze neben dem Ausfall des Neueinsatzes [ʔ] auch durch den Wegfall von auslautendem <-e> sowie durch die Übertragung der Stimmhaftigkeit der umgebenden Vokale und Nasale auf stimmlose Konsonanten gekennzeichnet. In verschiedenen Fällen werden stimmlose Frikative stimmhaft gebildet, z. B. in <dusche ich mich ab_{HA04}> [ˈdu̞ːʒ ɪ̞z mɪ̞j ˈab] wird [ʃ] zu [ʒ], [ç] zu [z̝], [ç] zu [j], in <mache ich_{HA03}> [mãʁ̝̃ɪ̃ç] wird [x] zu [ʁ̝], in <ziehe ich mich an_{HA05}> [tsi̞ːz̝ mɪ̞j ˈan] wird [ç] zu [z̝], [ç] zu [j]. Des Weiteren lassen sich auch einige Extremverkürzungen von Wörtern aufzeigen, z. B. in <richtiger_{HA20}> [ˈʁ̯ɣçɐ̝ˤ], <neunzehnhundertsechsundzwanzig_{HA14}> [nɜ̝ɘnzɐ̝ˤt̯zɛ̝ksn̩ˈtsβandzɪç], wobei mindestens eine, aber auch mehrere Silben ausfallen können.

Sonstiges

Die für die Umgangssprache von Halle regionaltypischen Interjektionen sind in der hier untersuchten Aufnahme ebenfalls zu finden. Die Interjektion <wahr_{HA10}> [ʋʊ̃ː] wird hier mit der Funktion einer Versicherungsfrage gebraucht, um sich der konvergenten Einstellung des Gesprächspartners zur Sprechermeinung zu versichern. Die Interjektion <na_{HA10}> [nɒ̝] wird als Aufmunterung oder Satzeinleitung gebraucht, wie sie auch in anderen Regionen typisch ist. [na]_{HA34} wird nochmals als Hörerbestätigung – hier in einer regionaltypischen Form verwendet, die etwa <ja> bedeutet und mit dem obersächsischen <nu> [nʊ̝] zu vergleichen ist. Alle drei Interjektionen werden mit steigender Melodie gestaltet und sprechen damit für die Funktion Hörerkontakt und Offenheit im Gesprächsverlauf.

Abschließend lässt sich feststellen, dass die hier vorgestellte Sprachprobe eine große Anzahl regionaltypischer Sprachcharakteristika – vor allem auf der lautlichen Ebene – aufweist, obwohl hier natürlich nur exemplarisch einige wesentliche Merkmale aufgeführt und belegt werden konnten.

Literaturempfehlungen zum Hallischen

Lemmer, M. (1998). *Forr Ischen und Scheekser. Gedichte und Prosa in hallescher Mundart*. Halle.

Schönfeld, H. (1964). Abriß einer Lautlehre der Mundart von Halle (Saale). *Wissenschaftliche Zeitschrift der Martin-Luther-Universität Halle-Wittenberg. Gesellschafts- und Sprachwissenschaftliche Reihe* XIII (8), 585–602.

Spangenberg, K. (1998). *Die Umgangssprache im Freistaat Thüringen und im Südwesten des Landes Sachsen-Anhalt.* Rudolstadt, Jena.

10.2 Umgangssprache von Dresden (Obersächsisch)

10.2.1 Sprachgeografischer Hintergrund

Dresden liegt im ostmitteldeutschen Raum und ist Hauptstadt des Freistaates Sachsen. Es wird aus dialektologischer Sicht zum Meißnischen gerechnet und gehört zusammen mit dem Osterländischen (Raum um Leipzig) zum Obersächsischen im engeren Sinne. Im Bundesland Sachsen gibt es darüber hinaus Gebiete mit lausitzischer, erzgebirgischer, nordbairischer, vogtländischer und niederdeutscher Regionalprägung. Bei Bergmann und Becker (1969, 229) findet sich eine sehr detaillierte Binnengliederung der ursprünglichen Differenzierungen (1969, 229). Die eigentliche obersächsische Umgangssprache spricht man in dem Gebiet, das in etwa durch die Städte Dresden, Leipzig und Chemnitz begrenzt wird (vgl. Bergmann 1992, 8).

10.2.2 Merkmale der obersächsischen Umgangssprache

Besondere Entwicklungsbedingungen

Das Gebiet des heutigen Sachsens war ursprünglich slawisches Gebiet und wurde erst vom 11.–13. Jahrhundert deutsch besiedelt. Wie Frings (1936, 14ff.) ausführlich dargestellt hat, ist anzunehmen, dass die so genannte Ostkolonisation in drei Siedlungsbahnen verlief, bei der die Siedler ihre ober-, mittel- und niederdeutschen Dialekte einbrachten. Durch Interferenzen dieser Dialekte mit slawischen Elementen bildete sich eine Vielfalt von obersächsischen Siedlungsmundarten heraus (Bergmann und Becker 1969, 30; Lerchner 1997, 13ff.), in denen neben Mischformen auch sprachliches Substrat der ursprünglichen Siedler bis in die heutige Zeit erhalten blieb.

Zugleich entwickelte sich in den Städten, also auch in Dresden, eine frühe regionale Ausgleichssprache im Sinne einer Verkehrs- und Umgangssprache (Frings 1936, 14ff.), die mindestens seit dem 17. Jahrhundert existierte (Bergmann und Becker 1969, 145ff.). Sie expandierte durch ihr damals hohes Prestige über die Städte hinaus in angrenzende Sprachräume und führte zu einer Überdachung der Siedeldialekte. Gleichzeitig breitete sie sich großräumig bis nach Ostthüringen aus (vgl. Schönfeld und Pape 1981).

Umfangreiche Beschreibungen der sprachlichen Merkmale dieser überregionalen Umgangssprache sind bereits vor der Mitte des 20. Jahrhunderts entstanden und wurden vor allem von Bergmann und Becker (1969) und Mihm (1998) zusammengefasst und vielfach zitiert.

Wesentliche segmentale Merkmale nach Bergmann und Becker (1969, 142ff.) bzw. zitiert nach Mihm (1998, 2118) sind:

- Entrundung der Umlaute <ö, ü> und des Diphthongs <eu> (<schön> [ʃeːn] <früh> [fʀiː] <neun>[nɑi̯n])

- Monophthongierung von mhd. <ei> zu [eː] (<Kleid> [g̊leːd̥] und mhd. <ou> zu [oː] <Baum> [b̥oːm])[2]

- Vokalsenkung vor <r> (<Beere> [b̥ɛːʁə], <hören> [hɛːʁə])

- Verdumpfung der A-Laute (<fragen>[fʀɔxn̩] <Spaten>[ʃb̥oːdn̩])

- Diphthongierung der O-Laute (<oben> [oʊ̯m̩] <so> [z̥oʊ̯])

- Keine Lenis-Fortis-Unterscheidungen bei den Plosiven bzw. Zusammenfall der beiden Plosivreihen zu stimmlosen Lenes als Folge der binnendeutschen Konsonantenschwächung, wodurch es im Anlaut und Inlaut zu Homophonien kommt (<packen, backen> [b̥ɔgn̩], <Töne, ich dehne> [d̥eːnə], <kriechen, Griechen> [g̊ʀiːçn̩], <leiten, leiden> [laed̥n̩]).

- Intervokalisch werden <g> und <b> frikativ realisiert (<Flügel> [fliːçl̩] <Vogel>[foːxl̩] <lebendig> [ləˈvɛːndç]).

- Realisierung der Affrikate <pf> als [p/b] im In- und Auslaut und als [f] im Anlaut entsprechend der ostmitteldeutschen Regel (<Strumpf> [ʃd̥ʀʊmb̥] <Apfel> [ɑbl̩] <Pfund> [fʊnd̥]).

- Stimmlose Aussprache von anlautendem <j> und <s> (<jetzt> [çɛts] <sagen> [soːxn̩]).

- S-Palatalisierung zwischen <r> und <t> (<erst> [æʁʃd̥], <Durst>[d̥ʊʁʃd̥]).

- Typische kleine Kennwörter : z. B. (<ein>[ɛ] <wir> [mɔr] <eine> [ɛnə] <meine> [mae], <gleich>[g̊lae] <nicht> [nɪʃd̥]) bzw. [nɪ] in Dresden.

Völlig beseitigt sind nach Bergmann und Becker (1969, 143) andere primäre Merkmale der obersächsischen Mundarten, wie die Hebung und Senkung der E-Laute im Vergleich zum Standard (<Schnee> [ʃniː], <Wetter> [vad̥ɐ], die Hebung der O-Laute <Brot> [b̥ʀud̥], der R-Ausfall <unser> [unzə] und die sog. Gutturalisierung, eine Rückverlagerung der Artikulationsstelle (<hinter> [hɪŋɐ]).

Neuere Untersuchungen und Sprachwandeltendenzen

Neuere Beschreibungen regionaler Aussprache im obersächsischen Raum stellen ein Forschungsdesiderat fest (vgl. Dingeldein 1997, 113). Für den segmentalen Bereich sind lediglich die kontaktlinguistische Untersuchung von Auer, Barden und Großkopf (1993), die

---

[2]Beispiele stammen aus Mihm (1998) und Bergmann und Becker (1969). Die Transkriptionen wurden ans IPA angepasst.

Arbeit von Wallner-Zimmer (1999) zur standardnahen Regionalsprache und die kontrastive Untersuchung von Iivonen (1996) zur Realisierung der Vokale der ostmitteldeutschen Umgangssprache im Vergleich zur Varietät des Wienerischen zu nennen.

Berücksichtigt man diese neueren Untersuchungen (vgl. auch die Zusammenfassung bei Hirschfeld 1999) müssen folgende Merkmale und Besonderheiten der obersächsischen Umgangssprache ergänzt bzw. modifiziert werden:

- Häufig auftretende Zwischen- und Ersatzformen bei den Frikativen [ç] und [ʃ] (<technisch> [ˈdɛ̝çnɪç]).

  Auer weist auf die tendenziell alveo-palatalisierten bzw. koronalisierten Ich-Laute vor allem nach Vordervokalen und nach <r> hin (< sich> [zɪç] bzw. <durch> [duːɐ̯ʃ]) (Auer, Barden und Großkopf 1993, 82). Hirschfeld erwähnt, dass die nicht normgerechte Aussprache des Ich-Lautes im Raum Dresden besonders ausgeprägt sein soll (1999, 117). Bergmann verweist demgegenüber auf entsprechende Formen vor allem im Leipziger und Chemnitzer Raum (Bergmann 1992, 9).

- Tendenz zu besonderen Reduktionen der auslautenden R-Laute bis hin zu uvularen bzw. pharyngalen Approximanten (Auer, Barden und Großkopf 1993, 82f.).

- Zentralisierungstendenz des gesamten Vokalsystems mit Ausnahme der E-Laute (Auer, Barden und Großkopf 1993, 83; Hirschfeld 1999, 116; Iivonen 1996, 229ff.).

- Generelle Öffnungstendenzen bei den E-Lauten (vgl. Hirschfeld 1999, 116). Hinweise auf besonders offene bzw. diphthongierte E-Laute als besonderes Erkennungsmerkmal des Meißnischen bzw. der Dresdner Stadtsprache finden sich mehrfach in der Literatur (vgl. Albrecht 1881, 4; Grosse 1955, 37; Protze 1957, 131).

Besonders markant geprägt wird die Stadtsprache von Dresden darüber hinaus durch Totalassimilationen und Kontraktionen (<ich weiß nicht> [ˈve̝ːsʃnɪ], <habe ich> [ˈhabʃ], <sächsisch>[ˈzæ̝ĝsʃ], <haben wir sie> [ˈhamʒə]). Auffallend sind weiterhin eine Schwa-Epenthese nach reduzierten Endsilben (<haben> [ˈhɑːbmə], <hatten> [ˈhadn̩ə], <trinken> [ˈdʁɪŋkŋə]) und die häufige Realisation des Negationspartikels <nicht> als [nɪ] bzw. [nʊ] für <ja> (Grosse 1955, 36; Bergmann und Becker 1969, 144; Bergmann 1992, 9).

10.2.3 Beschreibung einer Stichprobe zur Sächsischen Umgangssprache

Die hier vorgestellte Aufnahme ist einem Interview entnommen, das 2002 anlässlich des Hochwassers in Dresden-Laubegast geführt und vom Sender Dresden ausgestrahlt wurde. Der Interviewte ist ein etwa 50 Jahre alter Mann mit deutlich ausgeprägter regionaler Umgangssprache. Er ist persönlich von der Naturkatastrophe betroffen. Seine Sprechweise wirkt emotional, aber sehr natürlich und von der Mikrofonsituation wenig beeinflusst. In der Sprechprobe antwortet er auf die Frage: „Wie sah denn das eigentlich vorher hier aus?"Da es sich nur um einen kurzen Ausschnitt mit ausgewählten Feintranskriptionen handelt, können nicht alle vorn aufgeführten sprachlichen Merkmale belegt werden.

Die Aufnahme weist folgende Charakteristika auf:

- Tendenz zu zentralisierten Vokalen
- Tendenz zur Verringerung der Zungenhebung bei E- und O-Lauten
- Tendenz zu diphthongischen Langvokalen bei <o> , <e> und <ö>
- Monophthongische Realisationen von <au> und <ei>
- Pharyngalisierte Realisierung des vokalisierten <r>
- Entrundungstendenzen bei <u>, <ü>
- Verschiedene Realisationen des A-Lautes
- Tendenz zur pharyngaliserten Realisation von Lauten bzw. zu laryngalisierten Vokal-realisationen
- Lenisierte und approximantisch realisierte Plosive
- Auffälligkeiten im Bereich der Sibilianten
- Frikativisch realisierte Plosive zwischen Vokalen
- Sonstiges

Markierungen im Bereich der Vokale

1. Tendenz zu zentralisierten Vokalen

Im Beispiel fällt zunächst bei beiden U-Lauten auf, dass sie als eher obermittelhohe zentrale Vokale mit geringerer Rundung umgesetzt werden. (<Flutgraben$_{SÄ01}$>[3] [flɞdˑɢʁɢɑɑbm̩], <muss ich$_{SÄ16}$> [mɞzɟ̊]). In gleicher Weise markant zeigen sich die I-Laute vor <sch>, die obermittelhoch und zentral umgesetzt werden (<bedrohlich$_{SÄ05}$> [bɘtʁɘɵləʒ], <eigentlich$_{SÄ09}$> [ɘ̠ɪɡŋ̊dˡɘʃ]). Aber auch bei den A-Lauten (<das$_{SÄ02}$> [d̥ɜs], <notevakuiert$_{SÄ04}$> [nɜɵdævɐɣɣɪɣˤt]) und bei den O-Lauten (<also$_{SÄ02}$> [a̠zɘ]) treten zentrale Realisierungen auf.

2. Tendenz zur Verringerung der Zungenhebung bei E- und O-Lauten

Beide E-Laute werden im Vergleich zur Standardaussprache mit verringerter Zungenhebung, allerdings ohne zusätzliche Zentralisierung gebildet (<Meter$_{SÄ03}$> [me̞dʌˤ], <Gelegenheit$_{SÄ16}$> [gɘlɛ̞ːgŋ̊fiaɛ̞d], <jetzigen$_{SÄ07}$> [jætsɪʒn̩], <Elbe$_{SÄ09}$> [ælβə̞], <notevakuiert$_{SÄ04}$> [nɜɵdævɐɣɣɪɣˤt]). Varianten der O-Laute mit verringerter Zungenhebung kommen besonders vor <r> vor (<worden$_{SÄ04}$> [vɔ̞ˤdn̩ˤ], <verloren$_{SÄ06}$> [fʊˤlˤo̞ˤnˤ], <Sportplatz$_{SÄ12}$> [ʃˤb̥ˤo̞ˤd̥ˑblạds]).

---

[3]Die indexikalischen Quellenangaben für die zitierten Angaben beziehen sich auf die Zeilennummerierungen in 15.7.

3. Tendenz zu diphthongischen Langvokalen

Die O-Laute scheinen zentraler und mit gering steigender Zungenlage gebildet zu werden, so dass ein diphthongischer Eindruck entsteht (<notevakuiert$_{SÄ04}$> [nɜədævɐɣʏɪɣˤt], <bedrohlich$_{SÄ05}$> [b̥ɘtʀɜəlɔʒ], <Not$_{SÄ14}$> [nɜət]). Ein diphthongischer E-Laut findet sich in <steht jetzt$_{SÄ02}$> [ʃd̥e̯əd̥ïs]. Deutlich zu hören ist auch die diphthongische Realisation des langen Ö-Lautes (<Getöse$_{SÄ11}$> [ɡəd̥œ̯ə̯zə]).

4. Monophthongische Realisationen von <au> und <ei>

Der Diphthong <ei> wird teilweise monophthongisch realisiert und zwar in Richtung eines zentralisierten kurzen halboffenen Vokals (<eine$_{SÄ08}$> [ɜnɛ]) oder als gesenktes langes [e] (<einzige$_{SÄ13}$> [e̞ːtsʃə]). Im Suffix <-heit> und bei <drei$_{SÄ03}$> [d̥ʀae̯] wird er allerdings auch als Diphthong mit offenem zweiten Bestandteil gesprochen. Ein Beispiel für monophthongisches <au> findet sich in <auch noch$_{SÄ14}$> [ɔ̃nɔ]. Es lassen sich aber auch diphthongische Varianten beobachten (<auch gerade$_{SÄ10}$> [ɐ̯ʊ̯ʀ̯ɔ̯e̯də]).

5. Realisation des vokalisierten <r> im Affix <er>

Vermutlich durch eine Rückverlagerung der Zungenwurzel und pharyngale Verengung entsteht eine u.a. für Dresden typische Lautrealisation der End- bzw. Vorsilbe <er> anstelle des im Standard üblichen Tiefschwa. Es treten überwiegend pharyngalisierte Varianten auf, die als Basis einen halbgeschlossenen hinteren Vokal (<Wasser$_{SÄ02}$> [wɒˤzˤɤˤ]) oder einen halboffenen hinteren Vokal aufweisen (<Meter$_{SÄ03}$> [me̯d̥ʌˤ], <wieder$_{SÄ16}$> [vi̯d̥ʌˤ]). In der Vorsilbe <ver-> kommt es im Beispiel zu einer Rückverlagerung in Richtung kurzes [ʊ], gekoppelt mit einer Pharyngalisierung (<verloren$_{SÄ06}$> [fʊˤlˤɔ̯ˤnˤ]).

6. Entrundungstendenzen bei <u>, <ü>

Partielle Entrundungen kommen im Beispiel vor allem bei <u> (<Flut$_{SÄ01}$> [fl̥ɘd̚]) vor. Eine vollständige Entrundung lässt sich in (<müssen sie sich$_{SÄ17}$> [mɪzzɪʒ]) zeigen.

7. Verschiedene Realisationen des A-Lautes

Im Analysebeispiel lassen sich sowohl standardnahe A-Laute finden, als auch A-Laute, die gegenüber dem Standard weiter hinten bzw. mit Zungenhebung gebildet werden (<Flutgraben$_{SÄ01}$> [fl̥ɘd̚ˈɡʀɐɢɑbm̩], <Wasser$_{SÄ02}$> [wɒˤzˤɤˤ] oder <sage$_{SÄ15}$> [sʌ̯ə]). Bei der Realisierung des <a> in <Flutgraben> fällt weiterhin auf, dass es zu einer diphthongähnlichen Gleitbewegung kommt. Auch bei <(ge)rade$_{SÄ10}$> [ʀɔ̯e̯də] findet man eine diphthongische Realisation.

8. Generelle Tendenz zur pharyngalisierten Realisation von Lauten bzw. zu laryngalisierten Vokalrealisationen

Bei einer Reihe von Vokalen aber auch über ganze Wörter hinweg lassen sich Rückverlagerungs- und Verengungstendenzen feststellen. Am häufigsten ist der Silbenauslaut betroffen und außerdem, wie bereits dargestellt, das Affix <er>. Aber auch in anderen Silbenpositionen werden Vokale mit dieser Sekundärartikulation realisiert. Die folgenden Beispiele zeigen die Häufung dieses Phänomens und das bevorzugte Auftreten in Verbindung mit O-Lauten (<verloren$_{SÄ06}$> [fʊˤlˤo̞ˤnˤ], <Sportplatz$_{SÄ12}$> [ʃˤb̥ˤo̞ˤd̥b̥la̠ds]), <worden$_{SÄ04}$> [v̠o̞ˤd̞n̞ˤ]). Andererseits treten laryngalisierte Vokale vor allem im Silbenanlaut auf (<Elbe$_{SÄ09}$> [æ̰lβə], <also$_{SÄ02}$> [a̰zə]).

Markierungen im Bereich der Konsonanten

1. Approximantische und Lenis-Realisation der Plosive

Sehr auffällig sind vor allem Lenisvarianten von Plosiven (<Flut$_{SÄ01}$> [flo̞d̚], <steht jetzt$_{SÄ02}$> [ʃd̞e̞̯ədïs], <Meter$_{SÄ03}$> [me̞dʌˤ], <Getöse$_{SÄ11}$> [gədœ̞ə̯zə], <Sportplatz$_{SÄ12}$> [ʃˤb̥ˤo̞ˤd̥b̥la̠ds]). Die Lenisvarianten werden in der Regel entstimmt (<Flutgraben$_{SÄ01}$> [flo̞d̚ɢʁɢɑbm̩]). Selten wird anstelle eines Lenisplosivs ein Fortislaut gesprochen (<bedrohlich$_{SÄ05}$> [b̥ə̊tʁ̥ɜ̯ə̯lə̯ʒ]). Einige Plosive werden frikativisch bzw. approximantisch umgesetzt (<notevakuiert$_{SÄ04}$> [nɜə̯dævɐ̥ɣχɪɣˤt], <Elbe$_{SÄ09}$> [æ̰lβə], <hatte ich$_{SÄ14}$> [fiaɾɪʒ], <das$_{SÄ02}$> [d̠ɜs], <Meter$_{SÄ03}$> [me̞dʌˤ], <wieder$_{SÄ16}$> [v̠i̞dʌˤ]) bzw. völlig elidiert (<sage$_{SÄ15}$> [sʌ̞ə̯], <auch gerade$_{SÄ10}$> [ə̯ʉ̈ʁ̥ə̯ə̯də]).

2. Abweichende Realisierungen von [ç/ʃ] und [s/z]

Die alveolaren und palatalen Frikative werden abweichend von der standardsprachlichen Norm realisiert. Anstelle eines Ich-Lautes wird eine postalveolare [ʃ]-ähnliche Form produziert, allerdings mit verringerter Rundung (<eigentlich$_{SÄ09}$> [e̞ɪɡ̊n̩d̚lˀəʃ]). Bei anderen Dresdnern hört man eine weniger markante Form, die zwischen [ç] und [ʃ] liegt. In unserem Beispiel fallen außerdem die häufigen stimmhaften Realisationen der Ich-Laute (<ich$_{SÄ14}$> [ɪʒ], <sich$_{SÄ17}$>[zɪʒ], <bedrohlich$_{SÄ05}$> [b̥ə̊tʁ̥ɜ̯ə̯lə̯ʒ], <jetzigen$_{SÄ07}$> [jæts̱ɪʒn̩]) und der S-Laute auf (<müssen sich sich$_{SÄ17}$> [mɪzzɪʒ], <muss ich$_{SÄ16}$> [me̞z̠ʒ], <Wasser$_{SÄ02}$> [wɒˤz̠ˤɤ̠ˤ]).

3. Tendenz zu pharyngalisierten R-Lauten

Die R-Laute werden häufig als entstimmte uvulare Frikative gebildet (<drei$_{SÄ03}$> [d̥ʁaɛ], <bedrohlich$_{SÄ05}$> [b̥ə̊tʁ̥ɜ̯ə̯lə̯ʒ]) bzw. sie entfallen (<worden$_{SÄ04}$> [v̠o̞ˤd̞n̞ˤ], <verloren$_{SÄ06}$> [fʊˤlˤo̞ˤnˤ], <Sport$_{SÄ12}$> [ʃˤb̥ˤo̞ˤd̚]) und werden nur durch eine Pharyngalisierung der Nachbarlaute angedeutet. Nach Vokal können gegenüber der Norm angehobene Reduktionsvarianten wie z.B. in <hier$_{SÄ06}$> [fiɪɐ̯ˤ]) oder wie in <der$_{SÄ14}$> [dɤˤ] anstelle des [ɐ] realisiert werden, wobei es ebenfalls häufig zu einer zusätzlichen Pharyngalisierung kommt.

4. Frikativisch realisierte Plosive zwischen Vokalen

Zwischen Vokalen werden Plosive in einigen Fällen zu Frikativen. Das lässt sich für <jetzigen$_{SÄ07}$> [jætsɪʒn̩] und <einzige$_{SÄ13}$> [e̞ːtsʃə] des Analysebeispiels zeigen, wobei es in beiden Fällen zu postalveolaren Ersatzlauten kommt.

Sonstiges

Es treten Assimilationen und Reduktionen auf, die über die überregionale standardsprachliche Gesprächslautung hinausgehen. So lassen sich gehäuft Totalassimilationen und Kontraktionen mehrerer Lexeme zu einem Cluster feststellen (<muss ich$_{SÄ16}$> [mȩ̞z̩ʒ̩], <macht sie es ja auch gerade$_{SÄ10}$> [maxtsəsəɵɐ̯ʁɔ̯ɐ̯də], <hatte ich auch noch$_{SÄ14}$> [fiaɾɪʒ̃ɔ̃nɔ], <sind wir hier$_{SÄ06}$> [sɪmʒfiɪɐ̯ˤ]). Es wird häufig kein Neueinsatz verwendet (<Gelegenheit ist$_{SÄ16}$> [gəlȩ̞ːgŋ̍fiaȩ̞ɐ̯dɪs], <hatte ich$_{SÄ14}$> [fiaɾɪʒ]). Die für die Dresdner Stadtsprache als Kennzeichen geltenden Partikel <ni> und <nu> sind im Analyseausschnitt nicht vorhanden, können aber im Gesamtinterview nachgewiesen werden.

⊕ Übung und Tonbeispiele 11.7

Literaturempfehlungen zum Sächsischen

Bergmann, G. (1990). Upper Saxon. In C. V. Russ (Hrsg.), *The dialects of Modern German*. *A Linguistic Survey*, pp. 290–312. London.

Bergmann, G. und H. Becker (1969). *Sächsische Mundartenkunde. Entstehung, Geschichte und Lautstand der Mundarten des obersächsischen Gebietes*. Halle. Neu bearbeitet u. herausgegeben von Gunter Bergmann.

Hirschfeld, U. (1999). Phonetische Merkmale des Sächsischen und das Fach Deutsch als Fremdsprache. In B. Skibitzki und B. Wotjak (Hrsg.), *Linguistik und Deutsch als Fremdsprache. Festschrift für Gerhard Helbig zum 70. Geburtstag*, pp. 109–120. Tübingen.

10.3 Schwäbische Umgangssprache

10.3.1 Sprachgeografischer Hintergrund

Stuttgart liegt im südwestdeutschen Raum und ist die Hauptstadt von Baden-Württemberg. Dialektologisch gehört es zum Zentralschwäbischen und damit zu den oberdeutschen Dialekten innerhalb des schwäbisch-alemannischen Dialektverbandes, zu dem neben dem

Schwäbischen auch das Nieder-, Hoch- und Höchstalemannische zählen. Schwäbisch wird außerdem im westlichen Teil Bayerns gesprochen. Als Grenzlinie gegen das Niederalemannische kann der Schwarzwald angesehen werden und gegenüber dem Bairischen der Lech. Heute wird mit der Bezeichnung Schwäbisch keinesfalls ein homogenes Phänomen gemeint. Neben regional gefärbter standardnaher Sprache findet man eine relativ stark gefärbte Umgangssprache, aber auch kleinregionale Ausprägungen, die in der Nähe der ursprünglich gesprochenen Dialekte liegen. Eine vereinfachte Darstellung der unterscheidbaren großregionalen Sprachräume findet sich beispielsweise in Ammon und Loewer (1977).

10.3.2 Merkmale der schwäbischen Umgangssprache

Zur phonetisch-phonologischen Beschreibung der einzelnen schwäbischen Regionen liegt eine Vielzahl von Veröffentlichungen vor. Im Folgenden wird zunächst auf die zusammenfassende Darstellung von Mihm (1998) Bezug genommen. Für den segmentalen Bereich nennt Mihm folgende Merkmale der schwäbischen Umgangssprache (Mihm 1998, 2121)[4]:

- S-Palatalisierung von <sp/st> im In- und Auslaut, häufig kombiniert mit T-Tilgung (<machst> [maxʃ], <wirst> [vɪʁʃ], <bist> [biʃ])

- Lenisiert realisierte Plosive im In- und Auslaut

- Stimmloser S-Laut

- Tilgung von <ch, n> im Auslaut (<ich> [i],<eben> [ɛːbə])

- Senkung von mhd. [ë] in offener Silbe (<Fehler> [fɛːlɐ], <lesen> [lɛːsə])

- Hebung der kurzen untermittelhohen Vokale in geschlossener Silbe (<besser> [besɑ], <Lok> [lok])

- Nasalierung von Vokalen (<ganz>[gãnts])

- Differenzierung der Diphthonge (<heiß> [hɑis], <laufen> [lɔufə], <Zeit> [tsɔit], <saufen> [sɔufə])

- Reduktion der Vokale in Affixen und unbetonten Silben (<heute> [hɔit], <Gemüse> [gmyːs], <gewesen> [gvɛːsə]

Speziell für das Stuttgarter Zentralschwäbisch werden folgende Erscheinungen besonders erwähnt:

- Entrundung der Umlaute (<Nüsse> [nɪs], <Röcke> [ʁek], <Häuser> [hɔisə])

- A-Verdumpfung (<Mann> [mɔː], <Jahr> [jɔːʁ])

- Senkung der oberen Kurzvokale vor Nasal (<finden> [fendə], <gebunden>[bondə])

- Beibehalten mhd. Diphthonge (<lieb> [liːəb], <gut> [guːət], <müssen> [miːəsə]), vor Nasalen aber verändert (<Riemen> [ʁẽːmə]).

---

[4]Die Beispiele wurden in der Transkription von Mihm belassen

Für die Umgangssprache von Stuttgart liegen darüber hinaus detaillierte Analysen von Frey (1975) und Hiller (1995) vor. Folgende Besonderheiten und Differenzierungen sollen ergänzt werden[5]:

- Kurze Vokale (mit Ausnahme von [ɛ] und [a]) werden im Gegensatz zum Standard gespannt realisiert, wenn nicht in derselben Silbe ein <r> folgt (<fest> [feʃʷt], <still> [ʃʷtil], <Schluss> [ʃʷlus], <Holz> [holts], <Rost/Eisen> [ʁoʃʷt], <Grillrost> [ʁoːʃʷt] **aber** <Horror> [ˈhɔʁʷoˑʕ]) (Hiller 1995, 34).

  Gleichzeitig wird auf die Tendenz zur Zentralisierung der kurzen Vokale hingewiesen (Frey 1975, 37). Besonders häufig zentral realisiert sind nach Hiller (1995, 34) die kurzen I-Laute (<Hirn> [həʕn], <irren> [ˈʔɵʁɜ]).

- Die A-Laute weisen eine starke Differenzierung auf. Es existiert ein Kontrast zwischen ungerundetem hinterem Vokal [ɑː] und gerundetem hinterem Vokal [ɒː] (<Rad> [ʁɑːt], <Rat>[ʁɒːt]) (Hiller 1995, 37). Es kommen nach Hiller aber auch weiter vorn gebildete A-Laute vor (<kalt> [kʰa̝lt]). Vor Nasalen treten veränderte A-Varianten auf. Frey geht bei den langen A-Lauten (z.B. <ahnen>) von O-Färbungen aus, für die er das Transkriptionszeichen [ʌː] vorschlägt und bei den kurzen A-Lauten vor Nasal (z. B. <Amme>) nimmt er das Allophon [ɐ] an. Auch Hiller geht von einem Schwa-ähnlichen Allophon [ɐ̞] vor Nasalen aus (<Schrank> [ʃʷʁ̝ɐ̞ŋk]), wobei er zusätzlich eine vorverlagerte Zungenwurzel annimmt.

- Große Bedeutung hat der [e]-[ɛ]-Kontrast (vgl. Ruoff 1992, 30f; Hiller 1995, 37) (<fest, hart> [feʃʷt], <Fest, Fete> [fɛʃʷt], <Stelle> [ʃtel], <Ställe> [ʃtɛl]). Auch der Schwa-Laut weist eine Variation zur Standardnorm auf. Er wird in der Regel als ein halboffener ungerundeter Zentralvokal [ɜ] realisiert (<Karren> [ˈkaʁɜ], <schnurret> [ˈʃnuʁɜt] <sie wählen> [ˈʋeːlɜt], <Brötchen> [ˈʋeklɜ]). Das Tiefschwa wird entweder getilgt oder als [ʌ] gesprochen und pharyngalisiert (<immer> [ˈemʌʕ]) (Frey 1975, 38).

- Ausführlich dargestellt werden die variationsreichen Diphthonge. Bei Frey werden neun Diphthongvarianten aufgeführt: [iə], [eə], [uə], [əi], [ae], [əu], [ao], [ui] und [ɔə], wie in <üben> [iəbə], <zehn> [dseə], <zu> [dsuə], <neu> [nəi], <hinein> [ˈnae], <Bauern> [bəurə], <genau> [gɲao], <Scheuer> [ʃuirə],<kleine> [glɔənə]. Hiller geht demgegenüber von zehn Diphthongen aus (acht fallend; zwei steigend) und schlägt engere Transkriptionen vor. Er unterscheidet die standardnahen Diphthonge [ɑɛ̯̃], [ɔɪ̯] und [ɑo̯] (<Verein> [fʕˈʁ̝ɑɛ̯̃], <Eier> [ˈɔɪ̯ʕ]), die zentralisierenden Diphthonge [iĩ̯], [eɛ̯̃], [ɛɛ̯̃], [oɤ̯̃] und [uɤ̯̃] (vgl. <nie> [niĩ̯], <zehn> [tseɛ̯̃], <gewesen> [kʋɛɛ̯̃]). Die zentralisierenden Diphthonge gleiten vom entsprechenden peripheren Vokal in Richtung des mittelhohen Zentralvokals [ə]. Außerdem nimmt Hiller zwei steigenden Diphthonge [ɐ̝i] und [ʌu] an (<drei> [tʁɐ̝i], <voraus> [fɔˈʁ̝ʌus]).

---

[5]Die Transkriptionen wurden unverändert von Frey bzw. Hiller übernommen.

- Ergänzungen bei den Konsonanten sind vor allem bei den R-Lauten erforderlich. Frey beschreibt verschiedene R-Varianten: velare und uvulare Frikative [ɣ/ʁ] (<erben> [ɛɣbə], <raten> [ʁɔːdə]). Außerdem nimmt er (Frey 1975, 16) pharyngale Frikative [ʕ] vor Vokalen und nicht dental-alveolaren Lauten an und und beschreibt eine starke Veränderung des <r> in der Silbenkoda oder vor dental-alveolaren Konsonanten (vgl. <für> [fiːʕ] und <Erde> [ˈɛʕde]). In einigen Fällen geht er davon aus, dass das R lediglich durch eine Pharyngalisierung der Nachbarlaute angedeutet wird. Hiller weist zusätzlich auf approximantische R-Varianten [ʁ] hin (vgl. <Karren> [ˈkɑʁɜ]) und nimmt auch im Silbenreim einen friktionslosen Approximanten [ʕ] an vgl. (<Horror> [ˈhɔʁʷoˑʕ]) (Hiller 1995, 35).

10.3.3 Beschreibung einer Stichprobe zur Stuttgarter Umgangssprache

Die Audio-Aufnahme des Hochschullehrers Karl Bohneberger (51 Jahre) aus Stuttgart stellte uns dankenswerterweise Herr Dr. Ruoff zu Analysezwecken zur Verfügung. Sie stammt aus seinem 1983 veröffentlichten Korpus. Es handelt sich bei der Sprechprobe um eine regional geprägte dialektnahe Umgangssprache, die Ruoff als Umgangssprache im privaten Bereich einstuft. Der Sprecher erzählt über seine Kindheit in Stuttgart. Da es sich nur um einen kurzen Ausschnitt mit ausgewählten Feintranskriptionen handelt, können nicht alle vorn aufgeführten sprachlichen Merkmale belegt werden.

Die Aufnahme weist folgende Charakteristika auf:

- Gehäufte Apokopen und Synkopen
- Besonderheiten bei den S-Lauten, insbesondere palatalisierte S-Laute
- Markante R-Laute
- Veränderte Realisation der Plosive
- Veränderte Realisierungen im Bereich der E-Laute
- Veränderte Diphthongrealisationen
- Nasalierte Vokale
- Gespannte Realisierung der kurzen Vokale
- Veränderte Realisierung weiterer Vokale
- Sonstiges

Apokopen und Synkopen

Typisch für die Sprechprobe sind elidierte Lautsegmente. Es kommen Apokopen von <e>, <n>, <ch> und <t> vor, wie die folgenden Beispiele zeigen (<ist$_{SW11}$>[6]

---

[6]Die indexikalischen Quellenangaben für die zitierten Angaben beziehen sich auf die Zeilennummerierungen in 15.8.

[ɪʒ], <gewesen_{SW13}> [g̊vɛːsõ], <auch_{SW02}> [ʔɑə], <aufgewachsen_{SW02}> [o̯ṳf g̊ˀʋaksə̯],
<leiden_{SW07}> [lˤaɪɪə] <Sprache_{SW08}> [ʃpʁɔx], <habe_{SW08}> [hab̥], <heute_{SW11}>
[fiɜid̚]). Der Wegfall des auslautenden <n> tritt fast ausnahmslos auf, aber auch die anderen Elisionen sind markant. Wenn der Sprecher kurzeitig in eine standardnahe Realisierung wechselt, etwa bei <die ich suche, absolut nicht vom Munde will – also ich
bin in meiner Kindheit> vermeidet er den Endsilbenabfall. Auch Synkopen kommen gehäuft vor (<gesagt_{SW10}> [ksakt], <gehabt habe_{SW08}> [kʰapˀt hab̥], <aufgewachsen_{SW02}>
[o̯ṳf g̊ˀʋaksə̯], <gewesen_{SW13}> [g̊vɛːsõ]).

S-Laute

Ein gleichfalls auffälliges konsonantisches Merkmal des transkribierten Ausschnittes sind
die fast durchgängig palatalisierten S-Laute vor <t> im In- und Auslaut (<und das ist
heute_{SW11}> [ṵndɛzɪʒfiɜid̚], <Post_{SW15}> [bo̯ʃd̚], <Dienst_{SW16}> [d̥ĩnʃt̪]). Interessanterweise gibt es dabei auch stimmhafte Varianten (<ist_{SW17}> [ĩʒ]). Während im Wortanlaut
stimmlose S-Laute typisch sind (<Sohn_{SW04}> [sːõː]), kommen auslautend auch stimmhafte
S-Laute vor (<aus_{SW05}> [ʒ̥ṵz], <ganz_{SW13}> [g̊ẽnz]).

Differenzierung bei den R-Lauten

Die Aufnahme zeigt eine große Anzahl von Varianten der R-Laute. Es kommen entstimmte
uvulare Frikative (<Sprache_{SW08}> [ʃpʁɔx]) oder approximantisch realisierte Frikativvari-
anten vor (<Lehrer_{SW04}> [lˤëːʁɐˤ]). Besonders markant sind die R-Laute in der Silben-
auslautposition. Am auffälligsten ist die Realisation eines uvularen Vibranten, der zudem
noch pharyngalisiert wird (<Vater_{SW03}> [faːtə̯ˤʀˤ]) anstelle des im Standard vorhande-
nen vokalisierten R-Lautes. Auch in <mir_{SW11}> [mi̯ɐʁ] findet sich ein konsonantischer
Auslaut in Form eines entstimmten uvularen Frikativs. Wenn das Suffix <-er> als Tiefschwa realisiert ist, wird meist zusätzlich eine Pharyngalisierung hörbar (< Beamter_{SW15}>
[b̥ɜamdɐˤ]), <Lehrer_{SW04}> [lˤëːʁɐˤ]). Diese Varianten stimmen mit den Beobachtungen
von Frey und Hiller überein. Allerdings wird im Analysebeispiel in einer Reihe von Fällen
lediglich ein Schwa bzw. ein gehobenes Schwa im Auslaut hörbar (<Mutter_{SW05}> [mutə],
<wieder_{SW09}> [v̥idə], <Bobser_{SW14}> [bobsə]). Auch im Wortinnern kann das <r> getilgt
und durch ein gehobenes Schwa ersetzt werden (<durch_{SW06}> [d̥ʊɐç]).

Veränderte Realisation der Plosive

Lenisiert realisierte Plosive kommen vor allem im Auslaut vor (<Zeit_{SW06}> [tsʒɪd̚],
<habe_{SW08}> [hab̥], <und das_{SW11}> [ṵndɛz], <Post_{SW15}> [bo̯ʃd̚], <Nachtdienst_{SW16}>
[naχd̥ĩnʃt̪], <Tag_{SW17}> [d̥aːˀg]), seltener im Wortanlaut (<Tag_{SW17}> [d̥aːˀg]) oder im
Wortinnern (<Postbeamter_{SW15}> [bo̯ʃd̚b̥ɜamdɐˤ]). Im Wortauslaut sind mehrfach unge-
löste Plosive festzustellen. Es kommen aber auch Elisionen (<Stuttgart_{SW01}> [ʃtug̊ˀɐatˤ̚ʰ],
<ist_{SW17}> [ĩʒ]) und approximantische Realisierungen vor (<leiden_{SW07}> [lˤaɪɪə],
<wieder_{SW09}> [v̥idə], <Dienst_{SW16}> [d̥ĩnʃt̪]).

In synkopischer Position kommt es dagegen häufig zu fortisierten Lauten (<gesagt$_{SW10}$> [ksakt], wobei auch eine deutliche Aspiration auftreten kann (<gehabt$_{SW08}$> [kʰapˀt]).

Intervokalisch kann der ungespannte velare Plosiv auch frikativisch realisiert werden (<Jugendzeit$_{SW06}$> [juːɣŋ̩ˈtsɜɪdˀ]).

Differenzierungen bei den E-Lauten

Der für das Schwäbische als typisch angenommene offene E-Laut kann mehrfach nachgewiesen werden <Ausweg$_{SW12}$> [ʌu̯sʋɛːk], <gewesen$_{SW13}$> [g̊vɛːsə̃]). Als eine besondere Variante tritt ein zentralisierter langer E-Laut auf (<Lehrersohn$_{SW04}$> [lˤëːʁɐ̯ˤ]).

Neben standardgemäßem Schwa (<aufgewachsen$_{SW02}$> [g̊ˀʋaksə]) kommt häufig ein gehobener Murmelvokal vor (< leiden$_{SW07}$> [l̥ˤɑɹɪə] , <wieder$_{SW09}$> [v̝idə], <gewesen$_{SW13}$> [g̊vɛːsə̃]).

Veränderte Diphthongrealisationen

Die bei Frey (1975) und Hiller (1995) beschriebene Vielfalt von Diphthongvarianten kann in dem kurzen Ausschnitt nicht gezeigt werden. Allerdings fallen auch in der untersuchten Aufnahme veränderte Diphthonge auf, deren Beschreibung und Transkription sich als kompliziert erweist. Das <au> kann als Kombination aus einem hinteren <a> und einem unsilbischen Schwa bestehen (<auch da$_{SW02}$> [ʔaə̯dɑ˞ˀ]) oder als Kombination von gesenktem [o] und [u] realisiert werden (<aufgewachsen$_{SW02}$> [o̞u̯fg̊ˀʋaksə]). Im Vergleich zum Standarddiphthong wird besonders der erste Vokal angehoben und gerundet.

Auch die Kombination von gehobenem Mittelzungenvokal in Richtung [ɛ] in Verbindung mit kurzem unsilbischen [ʊ] (<aus$_{SW05}$> [ɜ̯ʊ̯z]) und die folgende Realisierung mit halboffenem hinteren [ʌ] und unsilbischem [u] (<Auswegform$_{SW12}$> [ʌu̯sʋɛːkfɔʁm]) treten auf.

Beim <ei> sind bei den transkribierten Beispielen zwei Varianten festzustellen: zum einen eine Kombination aus zentralem kurzem [ɜ] und kurzem unsilbischen [ɪ] (<Zeit$_{SW06}$> [tsɜɪ̯dˀ]), zum anderen eine Kombination aus hinterem [ɑ] und kurzem [ɪ] (<leiden$_{SW07}$> [l̥ˤɑɹɪə]).

Für <eu> steht nur ein Wortbeispiel zur Verfügung, in dem es als Kombination von zentralem [ɜ] und einem unsilbischen [i] realisiert wird (<heute$_{SW11}$> [fiɜid̯ˀ]).

Nasalierte Vokale

Nasalierte Vokale kommen mehrfach vor (<Lehrersohn$_{SW04}$> [lˤëːʁɐ̯ˤs̃ːõː], <und$_{SW11}$> [ʊ̃n], <Dienst$_{SW16}$> [d̥ĩ̯nʃ̩t]).

Gespannte Kurzvokale

Gespannte Kurzvokale treten vor allem bei den O- und U-Lauten auf (<Post$_{SW15}$> [b̥oʃdˀ], <Bobser$_{SW14}$> [b̥ob̥sə], ebenso bei <Mutter$_{SW05}$> [mutə], <Stuttgart$_{SW01}$> [ʃtug̊ɐ̯atˤʰ]), wenn ihnen kein uvularer Frikativ (z. B. in <Form$_{SW12}$> [fɔʁm]) folgt. Das entspricht den

Beschreibungen von Frey und Hiller. Außerdem werden mehrfach die langen I-Laute durch gespannte Kurzvokale ersetzt (<wieder$_{SW09}$> [v̥idə] , <mir$_{SW11}$> [miɐ̯ɐ̯], <Dienst$_{SW16}$> [d̥i̥nʃt̪]).

Veränderte Realisation weiterer Vokale

Die A-Laute sind im Beispiel weniger stark verändert als es bei Frey oder Hiller erwähnt wird. Es kommen mehr oder weniger weit rückverlagerte A-Laute als auch gerundete O-ähnliche Varianten vor (<Nachtdienst$_{SW16}$> [naχd̪i̥nʃt], <da$_{SW02}$> [d̥ɑˑ], <Sprache$_{SW08}$> [ʃpʁɔx]). Das <a> kann aber auch vorn gebildet und angehoben werden (<das$_{SW11}$> [dɛz]).

In nasaler Umgebung finden sich als Mittelzungenvokal realisierte Varianten (<ganz$_{SW13}$> [g̊ẽnz]). Vielfach werden die A-Laute allerdings auch wie im Standard realisiert (<aufwachsen$_{SW02}$> [v̥aksə], <Vater$_{SW03}$> [faːtə̯ˤʁˤ]). Bei dem Wort <Tag> ist eine längere Realisation feststellbar (<Tag$_{SW17}$> [d̥aːˑg]). Übergreifend sind im Vergleich zum Standard veränderte Vokalquantitäten, die für die meisten Umgangssprachen typisch sind, feststellbar (<Sprache$_{SW08}$> [ʃpʁɔx], <gehabt habe$_{SW08}$> [kʰapˀt hab̥], <gesagt$_{SW10}$> [ksakt], <Dienst$_{SW16}$> [d̥i̥nʃt̪]).

Sonstiges

Neben den bereits erwähnten Pharyngalisierungstendenzen bei den R-Lauten können auch in anderen Umgebungen gehäuft pharyngalisierte Lautbildungen festgestellt werden (<Stuttgart$_{SW01}$> [ʃtug̊ʁatˤʰ], <Vater$_{SW03}$> [faːtə̯ˤʁˤ]), <leiden$_{SW07}$> [lˤɑɪ̯ə], <Lehrer$_{SW04}$> [lˤẽːʁɐˤ]). Gleichzeitig treten gehäuft laryngale Verengungen im vokalischen Silbenan- und -auslaut auf (<aufgewachsen$_{SW02}$> [v̥aksə], <aus$_{SW05}$> [ȝʊ̃z], <Beamter$_{SW15}$> [b̥ə̯amdɐˤ]).

Beim Ich-Laut wird eine Zwischenform realisiert (<durch$_{SW06}$> [d̥ʊə̯ç]).

Übung und Tonbeispiele 11.8

Literaturempfehlungen

Frey, E. (1975). *Stuttgarter Schwäbisch*. Marburg.

Hiller, M. (1995). Regressive Pharyngalisierung im Stuttgarter Schwäbischen als C-V-Interaktion. *Linguistische Berichte 155*, 33–64.

Ruoff, A. (1983). *Mundarten in Baden-Württemberg. Tonkassette mit Beiheft*. Stuttgart.

Teil V

Übungen zur engen Transkription

11 Nachrichten, standard- und umgangssprachliche Gespräche

11.1 Gespräch Schuhkauf

GS01 C: ich habe also ein Paar Schuhe gesehen also die sind
GS02   vielleicht ein bisschen ähnlich wie deine
GS03   aber die gibts in zwei em zwei Höhen
GS04   einmal so als flachen Schuh und einmal ein bisschen
GS05   höher die gibt's in olivgrün rot und schwarz
GS06   und ich find alle drei Farben schön *lachen*
GS07   im letzter Instanz bleibt man bei schwarz
GS08 D: na ich neige ja immer eher zu solchen festen stabileren
GS09   Formen bei denen war ich mir erst nicht so sicher aber
GS10   ach naja zur Hose sehen sie ganz schön aus

11.2 Gespräch Urlaub

GU01 A: also mir ist das irgendwie aufgefallen dass viele
GU02   im Bekanntenkreis jetzt wieder zunehmend so in den
GU03   in den Osten fahren also auch übern Sommer und dann
GU04   einfach noch mal so eine Woche irgendwie im Frühjahr
GU05   oder über Weihnachten em so mal in den Süden fliegen
GU06   wenn es hier nicht so schön ist und das habe ich
GU07   ja dieses Jahr auch gemacht und e habe gemerkt
GU08   dieses Jahr dass das eigentlich wirklich total schön und
GU09   auch entspannend ist im Sommer da nicht so weit wegfahren
GU10   und em ja einfach so in so einer Gegend zu sein wo auch
GU11   touristisch nicht so viel los ist das war angenehm
GU12 B: hm
GU13 A: und dann war das eine richtig deutsche Enklave also es
GU14   waren sehr viele Urlauber aus den alten Bundesländern dort
GU15   das hat mich echt erstaunt wirklich
GU16 B: hm C: hm
GU17 A: also die entdecken das jetzt für sich ganz anders

GU18	B:	hm
GU19	A:	so oder oder neu oder die nutzen das ganz intensiv
GU20		dort hätte ich nicht gedacht
GU21	B:	also ich kenne auch einige die jetzt aus den alten
GU22		Bundesländern gern nach Mecklenburg fahren
GU23		in Urlaub und und das also vor allem Familien
GU24		mit Kindern ne vielleicht sind es auch
GU25		Preisgründe aber die dann so richtig feste Quartiere
GU26		haben in die die immer wieder kommen jedes Jahr
GU27		und da entwickeln sich richtig Freundschaften die
GU28		planen dann schon zusammen Urlaub und so m
GU29	B:	ja ja das war da auch so e können wir schon
GU30		für nächstes Jahr buchen das war mir völlig
GU31		fremd ja das man gleich so fürs nächste Jahr wieder
GU32		bucht e kann ich mir gar nicht so festlegen
GU33	A:	hm ich glaube eben das das wäre mir also jetzt
GU34		im Moment würde ich sagen ein bisschen
GU35		beängstigend das Gefühl dann immer nur unter
GU36		Deutschen zu sein im Ausland ich weiß nicht
GU37		finde es eigentlich spannend wenn man woanders ist

11.3 Nachrichten: Sprecher D. K. Mäurer

NM01	Dresden
NM02	In Sachsen sind keine belasteten Eier und Fleischwaren
NM03	gefunden worden. Experten haben bei Untersuchungen auf die
NM04	krebserregende Substanz PCB keine Überschreitung der
NM05	zulässigen Grenzwerte festgestellt. Die
NM06	Lebensmittelüberwachungsbehörden hatten die Proben
NM07	vorsorglich genommen, weil in einer Reihe von sächsischen
NM08	Landwirtschaftsbetrieben wahrscheinlich PCB-belastetes Futter
NM09	gefüttert worden war. Die Verunreinigung stammte nach
NM10	Angaben des Sächsischen Landwirtschaftsministeriums
NM11	vermutlich aus verschmutztem Pflanzenöl.
NM12	Karlsruhe
NM13	RTL ist mit dem Versuch gescheitert, ein Gerät zum
NM14	Ausblenden von Fernsehwerbung verbieten zu lassen. Der
NM15	Bundesgerichtshof hat die Klage des Privatsenders
NM16	zurückgewiesen. Mit dem Urteil ging ein rund fünfjähriger

NM17	Rechtsstreit um das Gerät zu Ende. Der Apparat
NM18	blendet Werbespots automatisch aus oder
NM19	schaltet auf einen werbefreien Kanal um.
NM20	RTL befürchtet, dass mit der Neuentwicklung die
NM21	Werbeeinnahmen von Privatsendern gefährdet sind.
NM22	Berlin
NM23	Fast zwei Millionen Patienten müssen schon
NM24	nichts mehr zuzahlen. Nach einer Umfrage der
NM25	Bildzeitung bei den gesetzlichen Krankenkassen
NM26	haben 1,83 Millionen
NM27	Menschen inzwischen die Ausgabengrenze
NM28	erreicht, bis zu der man zu Medikamenten,
NM29	Arztbesuchen oder Krankenhausaufenthalten
NM30	zuzahlen muss. Sie liegt bei zwei Prozent des
NM31	Brutto-Jahreseinkommens, bei chronisch
NM32	Kranken bei ein Prozent. Die Regelung im Rahmen der
NM33	Gesundheitsreform ist seit einem halben Jahr
NM34	in Kraft.

11.4 Nachrichten: Sprecher G. Töpfer

NT01	Halle
NT02	Aus dem Gefängnis 'Roter Ochse' ist ein Häftling
NT03	ausgebrochen. Nach Angaben des Justizministeriums zersägte
NT04	der Vierundzwanzigjährige die Gitterstäbe seiner Zelle und seilte
NT05	sich ab. Mit zwei Leitern habe er die Gefängnismauer
NT06	überwunden. Dabei soll er Hilfe von außen gehabt haben. Der
NT07	Mann saß seit Dezember wegen Raubes in Untersuchungshaft.
NT08	Im Mai war er zu einer Freiheitsstrafe von mehr als drei Jahren
NT09	verurteilt worden.
NT10	Braunschweig
NT11	Der Deutsche Elternverein hat die Forderung nach einem
NT12	Kindergarten-Pflichtjahr unterstützt. Die Vorsitzende Mundlos
NT13	sagte, gleich zu Beginn sollten die sprachlichen Fähigkeiten der
NT14	Kinder überprüft werden. Dann sei eine gezielte Förderung
NT15	möglich. Die Kosten dafür dürften aber nicht allein den
NT16	Eltern aufgebürdet werden, betonte der Verein.
NT17	Washington
NT18	Die US-Regierung will Häftlinge in Guantanamo künftig anders

NT19   behandeln. Ein Regierungssprecher sagte, die Haftregeln
NT20   würden den Vorgaben des obersten Gerichtshofes angepasst.
NT21   Die Richter hatten gestern klargestellt, dass die etwa
NT22   sechshundert Gefangenen gegen ihre Inhaftierung klagen dürfen.
NT23   Menschenrechtler sprachen von einem Sieg der Gerechtigkeit.
NT24   Experten erwarten nun eine Klagewelle. Eine Gruppe von
NT25   Anwälten kündigte an, schon in den nächsten Wochen gegen die
NT26   Inhaftierung ihrer Klienten vorzugehen.

11.5 Gespräch D. K. Mäurer mit G. Töpfer

GJ01 M: weiterer Vorteil find' ich ist dass die Straßenbahn
GJ02 T:
GJ03 M: rund um die Uhr fährt   hm hm
GJ04 T: tut sie das
GJ05 M: mm fährt rund um
GJ06 T: ehrlich Straßenbahn
GJ07 M: die Uhr
GJ08 T: (eh n) na wieder
GJ09 M:
GJ10 T: was dazu gelernt nach so vielen Jahren *lachen*
GJ11 M: und es ist nicht normal in das ist in anderen Städten nicht so
GJ12 T:
GJ13 M: mh hn abgesehen von den
GJ14 T: das ist nicht so
GJ15 M: Häusern in der Innenstadt das Damenviertel ist ja
GJ16 T:
GJ17 M: fantastisch die Leute sind herzlich
GJ18 T:
GJ19 M:
GJ20 T: also ich muss sagen Jena ist irgendwie eine großartige
GJ21 M: hmm
GJ22 T: Stadt weil   im Vergleich zu
GJ23 M:
GJ24 T: Halle oder so sind in Jena einfach mal
GJ25 M:
GJ26 T: tausend Studenten Tausende
GJ27 M:
GJ28 T: Studenten nur Studenten und äh

GJ29 M:
GJ30 T: jeden Abend ist irgendwo eine Party das find ich
GJ31 M:
GJ32 T: ja zum Beispiel klasse guck dir
GJ33 M: und wenn Semesterferien
GJ34 T: mal Halle an   wann ist in Halle
GJ35 M:
GJ36 T: wann ist denn in Halle mal bitte schön einmal einmal
GJ37 M: mm
GJ38 T: im Jahr ist da mal 'ne Studentenparty und in Jena
GJ39 M: Das stimmt
GJ40 T: kannst du irgendwie jeden Abend schön weggehen
GJ41 M: und   mm
GJ42 T: die ganze Stadt ist eigentlich nur 'ne Uni

11.6 Interview Hallisch

HA01 SS: ich stehe früh
HA02   um drei halb dreie auf
HA03   na dann mache ich Frühstück
HA04   dann dusche ich mich ab
HA05   und dann ziehe ich mich an
HA06   dann gehe ich hier auf den Markt
HA07   dann wird aufgebaut der Stand
HA08   na ja und dann fangen wir nachher später an zu verkaufen
HA09 UW: und sicherlich ist auch anstrengend die Arbeit
HA10 SS: na eigentlich macht es uns Spaß wahr
HA11 UW: und wie sind sie dazu gekommen
HA12 SS: na ja meine Großeltern hatten schon früh(er)
HA13   auf dem Markt gestanden
HA14   neunzehnhundertsechsundzwanzig
HA15   und meine Mutti hat das dann auch weitergeführt
HA16   und jetzt machen wir es eben weiter
HA17 UW: ja
HA18 SS: hmhm
HA19 UW: und ist ein richtiger Familienbetrieb
HA20 SS: richtiger Familienbetrieb ja
HA21 UW: ihre Mutter ist ja auch schon lange dabei

HA22 SS: die Mutti ist auch schon lange dabei
HA23   die war am am (ff) Mo- am Montag fünfundsiebzig
HA24 UW: ach so
HA25 SS: und ist mächtig geehrt worden
HA26   vom Fernsehfunk
HA27   von der Blumenfrau Regine
HA28   und von der Frau Scherf
HA29   hier vom MDR
HA30   und hat auch viele Gratulationen gekriegt
HA31   und viele Blumen
HA32   und Pralinenkasten und so
HA33 UW: hmhm
HA34 SS: na

11.7 Interview Sächsisch

SÄ01   hier ist eine große Wiesenfläche und der Flutgraben verläuft
SÄ02   hier in circa 2–3 Metern Tiefe also das Wasser steht jetzt hier
SÄ03   fast drei Meter hoch und wir sind gestern Abend
SÄ04   notevakuiert worden
SÄ05   weil das Wasser im Haus bedrohlich
SÄ06   anstieg und meine Frau die Nerven verloren hatte sind wir hier über den
SÄ07   bei Nacht über den jetzigen Fluss geschippert worden
SÄ08   was sonst eine herrliche Grünwiese ist
SÄ09   was eigentlich das von der Elbe wo das Wasser
SÄ10   abfangen soll jetze in dem Moment macht sie das auch gerade aber es ist
        natürlich
SÄ11   mit einem Rauschen und Getöse bei uns in die Treppenhäuser eingedrungen
SÄ12   gestern dann plötzlich noch als der Sportplatz fast zwei Meter
SÄ13   dann unter Wasser stand es war eine einzige Katastrophe für meine Frau
        hat dann die Nerven verloren
SÄ14   sind wir raus und jetzt hatte ich auch noch in der Not den Gashahn
SÄ15   vergessen zuzudrehen den Haupthahn ich sage wenn
SÄ16   eine Gelegenheit ist [muss ich] wieder hin und eventuell helfen
SÄ17   und man kann ja bloß helfen noch das müssen sie sich mal bildlich vorstel-
        len

11.8 Interview Schwäbisch

SW01   ich bin geboren in Stuttgart
SW02   auch da aufgewachsen
SW03   mein Vater stammt aus Ulbach und Fellbach
SW04   er war Lehrersohn
SW05   meine Mutter stammt aus Ulm
SW06   und ich hab meine ganze Jugendzeit durch
SW07   immer darunter leiden müssen dass ich eine
SW08   Ulmer Form in meiner Sprache gehabt habe das war nämlich gvest
SW09   immer hat es wieder geheißen
SW10   ach jetzt hat er wieder gvest gesagt
SW11   und das ist heute noch so dass mir
SW12   que oder gveser oder irgend eine Auswegform
SW13   die ich suche, absolut nicht vom Munde will also ich bin in
        meiner Kindheit ganz in Stuttgart gewesen habe mich viel in der
        Umgebung herumgetrieben
SW14   bin in der Bobser Gegend aufgewachsen hab auch bei Spaziergängen mit
SW15   meinem Vater der als Postbeamter
SW16   viel Nachtdienst gehabt hat und nun auch
SW17   bei Tag eben spazierengegangen ist
        und seine Kinder mitgenommen hat auch die Fluren und Wälder
        um Stuttgart herum kennengelernt hat

Teil VI

Lösungen

12 Lösungen der Übungen zu Laut-Buchstabe-Beziehungen

Vokale

Monophthonge

[a]	<a>	Kamm	[kam]
[aː]	<a, aa, ah>	baden, Staat, Kahn	[ˈba̯ːdn̩ ʃtaːt kaːn]
[iː]	<i, ih, ie, ieh>	Igel, ihn, Biene, Vieh	[ʔiːgl̩ ʔiːn ˈbi̯ːnə fiː]
[ɪ]	<i>	Kinn	[kɪn]
[ʊ]	<u>	stumm	[ʃtʊm]
[uː]	<u, uh>	Bude, Buhne	[ˈbu̯ːdə ˈbu̯ːnə]
[ɛ]	<e, ä>	wenn, hält	[vɛn hɛlt]
[eː]	<e, ee, eh>	wen, Beet, Lehne	[veːn be̯ːt ˈleːnə]
[ɛː]	<ä, äh>	Bären, zäh	[ˈbɛːʁən tsɛː]
[ə]	<e>	Weite	[ˈva̯etə]
[ɐ]	<r , -er>	Tür, weiter	[tyːɐ̯ ˈva̯etɐ]
[ɔ]	<o>	komm	[kɔm]
[oː]	<o, oo, oh>	Mond, Boot, Wohl	[moːnt bo̯ːt voːl]
[ʏ]	<ü>	bücken	[ˈbʏkn̩]
[yː]	<ü, üh>	Übel, kühn	[ˈʔyːbl̩ kyːn]
[œ]	<ö>	können	[ˈkœnən]
[øː]	<ö, öh>	Öfen, Höhle	[ˈʔøːfn̩ ˈhøːlə]

Diphthonge

[a̯e]	<ei, ai, eih, ey>	weil, Laib, Weihe, Meyer	[va̯el la̯ep ˈva̯eə ˈma̯eɐ̯]
[a̯o]	<au, auh>	Raub, rau	[ʁa̯op ʁa̯o]
[ɔ̯ø]	<eu, äu>	Leuchte, Räuber	[ˈlɔ̯øçtə ˈʁɔ̯øbɐ]

Konsonanten

[l]	<l, ll>	Mehl, hell	[meːl hɛl]
[m]	<m, mm>	Blume, kommen	[ˈbl̥uːmə ˈkɔmən]
[n]	<n, nn>	Hähne, kann	[ˈhɛːnə kan]
[ŋ]	<ng, n vor k>	singen, Bank	[ˈzɪŋən b̥aŋk]
[p]	<p, pp, b, bb>	Pein, Trupp, Grab, schrubbt	[paẹn tʁʊp g̊ʁaːp ʃʁʊpt]
[b]	<b, bb>	Bein, Robbe	[b̥aẹn ˈʁɔb̥ə]
[t]	<t, tt, dt, d>	Teer, hatten, Stadt, Rad	[teːɐ̯ ˈhatn̩ ʃtat ʁaːt]
[d]	<d, dd>	Boden, Bodden	[ˈb̥oːdn̩ ˈb̥ɔdn̩]
[k]	<k, ck, g, gg, ch>	kalt, hacken, lag, eggt, Christ	[kalt ˈhakn̩ laːk ʔɛkt kʁɪst]
[g]	<g, gg>	gern, Roggen	[g̊ɛʁn ˈʁɔgn̩]
[f]	<f, ff, v>	rufen, Neffe, Vater	[ˈʁuːfn̩ ˈnɛfə ˈfaːtɐ]
[v]	<w, v>	Welle, Vase	[ˈvɛlə ˈvaːzə]
[s]	<s, ss, ß>	las, hassen, heiß	[laːs ˈhasn̩ haẹs]
[z]	<s>	reisen	[ˈʁaẹzn̩]
[ç]	<ch>	weichen	[ˈvaẹçn̩]
[j]	<j>	ja	[jaː]
[ʃ]	<sch, sp, st>	schön, spät, stehen	[ʃøːn ʃpɛːt ˈʃteːən]
[ʒ]	<g, j>	Gelee, Journalist	[ʒəˈleː ʒʊʁnaˈlɪst]
[x]	<ch>	hauchen	[ˈhaọxn̩]
[ʁ]	<r, rr, rh>	hören, Narr, Myrrhe	[ˈhøːʁən naʁ ˈmʏʁə]
[h]	<h>	hole	[ˈhoːlə]

Affrikaten und ähnliche Konsonantenverbindungen

[pf]	<pf>	Pferd	[pfeːɐ̯t]
[ps]	<ps>	Klops	[klɔps]
[ts]	<z, tz>	Zeit, Katze	[tsaẹt]
[kv]	<qu>	Quelle	[ˈkvɛlə]
[ks]	<x, chs, ks, cks>	Hexe, wechseln, Keks, zwecks	[ˈhɛksə ˈvɛksl̩n keːks tsvɛks]

13 Lösungen der Übungen zu allgemeinen Aussracheregeln

13.1 Silbisch und unsilbisch

[maen̯ nɔø̯ ˈfʁɔø̯nt ‖
ˈhaɔ̯styːɐ̯ ‖
kaen̯ ˈfɔø̯ɐ ‖
fʁɔø̯laen̯ ˈmaeɐ̯ ‖
ˈzeːɐ | zeːɐ̯ ‖
ʔeːɐ̯ | ˈʔeːɐ ‖
ˈmɛːɐ | meːɐ̯ ‖
fyːɐ̯ | ˈfʁyːɐ ‖
ˈhɛːɐ | heːɐ̯ ‖
hø̯ːɐ̯n | ˈhøːɐ ‖
naː | ˈnɛːɐ ‖]

[ˈleːbm̩ ‖ *bilabial*	ˈfɔln̩ ‖
ˈlapm̩ ‖	ˈvaʃn̩ ‖
ˈhaːbm̩ ‖	ˈʁaɔ̯xn̩ ‖
ˈkapm̩ ‖	ˈfɛln̩ ‖
ˈveːg̍ŋ̩ ‖	ˈhantl̩ ‖
ˈpakŋ̩ ‖	ˈmantl̩ ‖
ˈlaɔ̯fn̩ ‖	ˈb̥yːgl̩ ‖
vaːɐ̯n ‖	ˈhandl̩ ‖
høːɐ̯n ‖	kɛn: ‖
fyːɐ̯n ‖	kɔm: ‖
ˈvɪʃn̩ ‖	zɪŋ: ‖
ˈb̥akŋ̩ ‖	ʃaɔ̯n ‖
ˈveːɐ̯dn̩ ‖	ˈʁaɔ̯zn̩ ‖
ˈvɛtn̩ ‖	g̥uːtn̩ ˈmɔʁg̍ŋ̩ ‖
zeːn ‖	g̥uːtn̩ ˈʔaːbm̩t ‖
g̥eːn ‖	ʔaɔ̯f ˈviːdɐzeːn ‖]

13.2 R-Realisation

13.2.1 R-Vokalisation

[ʔuːɐ̯ ˈʔuːʁən ‖
meːɐ̯ ˈmeːʁɐʁə ‖
teːɐ̯ ‖
heːɐ̯ | ˈheːʁə ‖
ʔeːɐ̯ ‖
fyːɐ̯ ‖
foːɐ̯ | fɔʁn ‖
fiːɐ̯ | deːɐ̯ ˈfiːɐ̯tə ‖
ˈfɔʁdən ‖
fɛɐ̯ˈbɛsən ‖
ʔɛɐ̯ˈfɔʁdən ‖
tsɛɐ̯ˈʃmɛtən ‖
ˈfɛʁtɪç | fɛɐ̯ˈfɛʁtɪɡŋ̩ |
ˈveːɐ̯dn̩ ‖
deːɐ̯ ʔeːɐ̯stə ʔɛɐ̯ˈʔoːbɐʁ ‖
fɔn fɔʁnhɛˈʁaɛn ‖
ˈʔaltən ‖
ʔɪç fɛɐ̯ˈlaːɡəʁə deːn ˈʔʊntɐʁɪçt ‖
deːɐ̯ ˈfɛʁnzeːɐ̯ ‖
ʔaɛn ˈʁaɛfɐ ˈʔapfl̩ | ʔaɛn ˈʁaɛfəʁɐ ˈʔapfl̩ | deːɐ̯ ˈʁaɛfəʁɐ ˈʔapfl̩ ‖
ˈb̥eːʁən | ˈb̥eːʁən ‖
b̥əˈʁaːtn̩ ‖
b̥ɛʁˈliːn ‖
b̥əˈʁeːdn̩ ‖
ɡ̊əˈleːɐ̯t ‖]

13.2.2 Unterscheidung [ɛʁ] und [eːɐ̯]

[ˈmɛʁkhɛft ‖	tɛʁmoˈmeːtɐ ‖
ˈmeːɐ̯kampf ‖	tɛʁts ‖
ʃpeːɐ̯ ‖	ˈʃtɛʁbm̩ ‖
pfeːɐ̯t ‖	ʃtɛʁn ‖
mɛʁts ‖	ʃɛʁts ‖
fɛlt ‖	ʃveːɐ̯ ‖
b̥ɛʁk ‖	zeːɐ̯ ‖
ˈb̥ɛʁstn̩ ‖	ˈhɛʁbɛʁɡə ‖

[handwritten: [ɐ̯] lang]

[handwritten: [ɐ] kurz]

b̥ɛʁn ‖   'heːɐ̯də ‖

pɛʁ'ziːl ‖   'hɛʁtslɪç ‖

pɛʁ'zoːn ‖   hɛʁpst ‖

pɛʁga'mɛnt ‖   'hɛʁʃɐ ‖

fɛʁn ‖   ĝɛʁma'nɪst ‖

'fɛʁtɪç ‖   ĝɛʁn ‖

'fɛʁbm̩ ‖   'ĝɛʁtnɐ ‖

fɛʁ'maːtə ‖   'kɛʁkɐ ‖

'vɛʁbm̩ ‖   'keːɐ̯zaȩ̯tə ‖

veːɐ̯ ‖   kɛʁn ‖

'vɛʁfn̩ ‖   'kɛʁtsə ‖

've:ɐ̯papiːɐ̯ ‖   'ʔɛʁbm̩ ‖

'vɛʁnɐ ‖   ʔeːɐ̯st ‖

've:ɐ̯muːt ‖   ʔeːɐ̯ ‖

vɛʁk ‖   ʔɛʁfʊʁt ‖

'lɛʁmən ‖   ʔɛʁgɐ ‖

'leːɐ̯buːx ‖   ʔeːɐ̯tʔaksə ‖

'leːɐ̯lɪŋ ‖   ʔɛʁnst ‖

'lɛʁnən ‖   ʔeːɐ̯gaȩ̯tsɪç ‖

d̥eːɐ̯ ‖   ʔɛʁntə ‖

d̥ɛʁp ‖   ʔɛʁts ‖‖

13.3 S-Laut-Realisation

[ziːbm̩ʔʊnt'zɛçtsɪç ‖

zɛksʔʊnt'ziːptsɪç ‖

'nɔøntseːnhʊndɐtziːbm̩ʔʊnt'nɔøntsɪç ‖

haȩ̯sə 'zoːsə ‖

zaȩ̯nə ziːbm̩ 'zaxn̩ ʔaȩ̯nzaml̩n ‖

'laŋzaːm ‖

ĝə'nyːkzaːm ‖

ziː hat ʔɛs ĝants zɪçɐ 'zɛlpst ĝəzaːkt ‖

ziː zɪnt zɔnst b̥ə'zɔnənɐ ‖

ʔaȩ̯n 'zanftəs 'vɔʁt ‖

z̥uː'zanə maːk z̥yːsə 'zaːnə ‖

'ʃlaːkzaːnə ‖

nɪçt nuːɐ̯ 'vaȩ̯sə zɪnt 'vaȩ̯zə ‖

'vɪsn̩ | d̥as man 'viːzn̩ nɪçt 'ĝiːsn̩ kan ‖

'vɛsn̩ 've:zn̩ ʔɪst 'zanft ‖

veːʁənt d̥iːzɐ 'zeːʁaȩ̯zə 'skaːt ʃpiːlən ‖

'mʊs d̥as zaȩ̯n ‖

tseːn 'hɔltsklœtsə ‖

ˈtsvaeˀʊntˈtsvantsɪç ˈʃpatsn̩ ‖
ˀaʊf zaenəm ˈplats zɪtsn̩ ˀʊnt skuˈʁiːlə ˈvɪtsə ʁaesn̩ ‖
fɔn muˈziːk nɪçts ˈvɪsn̩ | ˀʊnt ˈsmɛtana nɪçt ˈkɛnən ‖]

13.4 Auslautverhärtung

[ˈliːbm̩ | ˈliːbə | ˈliːplɪç | ˈliːpstə | ˈliːbəfɔl | liːpt | ˈliːphaːbɐ ‖
ˈvaezə | ˈvaeshaet | deːɐ̯ ˈvaezəstə ‖
ʁaezə | ˀeːɐ̯ ʁaestə | ʁaezəlʊst ‖
ĝlaobə | ˀeːɐ̯ ˈglaoptə | ĝləøbɪgɐ | duː ˈglaopst | ĝlaophaft ‖
halp | halˈbiːʁən ‖]

13.5 Progressive Stimmlosigkeitsassimilation

[ˈˀaoszɪçtsloːs ‖
ˈˀapĝaŋ ‖
ˈˀapĝəzaŋ ‖
ˈˀaosdʁʊk ‖
ˈˀapdʁʊk ‖
ˈvɛkˀĝeːən ‖
ˈdaxdɛkɐ ‖
ˈfaxĝəʁeçt ‖
ˈkɪʁʃʒəle ‖
ˈˀaofzats ‖
ˀap zaetə ˈziːptseːn ‖
dʊʁç das ˈdaxfɛnstɐ ‖
ˀaos zɪç hɐˈʁaosĝeːən ‖
mɪt ˈˀapzɪçt ‖]

13.6 Fester Stimmeinsatz

[ˀam ˈˀanfaŋ ‖
hɪˈnaen ‖
ˈˀaenʃaltn̩ ‖
ˀɛɐ̯ˈˀœfnən ‖
fɛɐ̯ˈˀapʁeːdn̩ ‖
ˀʊm ˀɛlf ˈˀuːɐ̯ ‖
ˀam ˈˀandəʁən ˈˀaːbm̩t ‖

ʔɪn ˈʔʊlm ʔʊnt ˈʔʊm ʔʊlm hɛˈʁʊm ‖
ˈb̥luːməntɔpfʔeːʁ̥də ‖
ˈpfeːʁ̥də ‖
ʔae̯n ʔae̯s ʔɛsn̩ ‖
ˈtʊʁmʔuːʁ̥ ‖
ˈʔuːʁ̥ʔaʁmbant ‖]

13.7 Explosionsverlust

[d̥eːʁ̥ ˈʃtɛlənʔap̚b̥ao̯ ʔʊnt̚ d̥iː ˈʔao̯szɪçtsloːzɪçkae̯t ‖
ɡ̊iːp̚ b̥ʁiˈɡɪtə ˈʔao̯x ʔɛtvas ‖
das ʔɪst ˈʁao̯p̚b̥ao̯ ‖
mɪt̚ ˈteːʁ̥ ʔʊnt̚ tɛʁpɛnˈtiːn ‖
ˈd̥aː laːk̚ ˈkeːkspapiːʁ̥ ‖]

13.8 Nasale Sprengung

[ʔam ˈʔaːbⁿm̩t ‖
d̥eːʁ̥ ˈhalpⁿmoːnt ‖
ˈʔɪs nɔx ʔae̯nən hapⁿm̩ ‖
veːgⁿŋ̍ dɛs ˈʃlɛçtⁿn̩ ˈvɛtɐs ‖
ziː hatⁿn̩ nɔx ˈvɛtⁿn̩ ʔapɡ̊əʃlɔsn̩ ‖
d̥as hat bəˈʃtɪmt ʔae̯nən ˈhaːkⁿŋ̍ ‖]

13.9 Laterale Sprengung

[ˈbɔøt̚l̩ ‖
ˈʔaːd̂l̩ ‖
d̥eːʁ̥ ˈmantˡl̩ ʔao̯f d̥eːm ˈbyːɡl̩ ‖
ˈʔae̯ɡ̊ŋ̍tˡlɪç ‖
ˈveːzn̩tˡlɪç ‖
ˈʁeːtˡlɪç ‖
ʔao̯s ˈʔeːdˡl̩muːt ‖
ʔɛʁ̥ˈzɪçtˡlɪç ‖
ˈʔɛs hatˡ ˈlaŋə ɡədao̯t ‖
ˈb̥ɛtˡlaːkŋ̍ ‖]

13.10 Realisation von <ig>

['kø:nɪç | 'kø:nɪgə ‖
've:nɪç | 've:nɪgə | ʔam 've:nɪçstn̩ ‖
ʔe:ɐ̯ ʔɪst 'flae̯sɪç | 'flae̯sɪgə 'kɪndɐ | ʔam 'flae̯sɪçstn̩ ʔaʁbae̯tət 'pao̯l ‖
'lae̯ptsɪç | 'lae̯ptsɪgɐ ‖]

13.11 Realisation von <ng>

[ʔɛtvas ʔao̯f di: laŋə 'baŋk ʃi:bm̩ ‖
'laŋə 'tsae̯tʊŋ le:zn̩ ‖
tsu: 'laŋza:m ʔʊnt tsu: 'ʔʊngənao̯ zɪŋən ‖
ʔɛtvas fɛɐ̯'laŋən ‖
ʔɛtvas 'ʔanglae̯çn̩ ‖
mɪt mae̯nəm 'ʔɔŋkl̩ 'ʔaŋln̩ ‖]

13.12 Vokalrealisation in Fremdwörtern

[medi'tsi:n ‖   hologʁa'fi: ‖
meteoʁolo'gi: ‖   ʔɪntʁoveɐ̯'ti:ɐ̯t ‖
mu'zi:k ‖   ʔɪntʁapʊlmo'na:l ‖
fo'ne:tɪk ‖   mega'li:t ‖
fy'zi:k ‖   neolo'gɪsmʊs ‖
filozo'fi: ‖   ʔɔʁtoʔe'pi: ‖
fabʁika'tsjo:n ‖   ʃteʁiliza'tsjo:n ‖
ǧi'gantɪʃ ‖   mumifi'tsi:ʁən ‖
ʁegu'lɛ:ɐ̯ ‖   tɛmpo'ʁɛ:ɐ̯ ‖]

14 Lösungen zur normativen Transkription standardsprachlicher Texte

In 5 wurde bereits darauf verwiesen, dass das Setzen der Pausen und Akzente interpretationsabhängig ist. In den folgenden Texten findet die Pausen- und Akzentsetzung nach Vorlage der gesprochenen Realisierung der SprecherInnen statt. Selbstverständlich können – zu Übungszwecken ohne lautliche Begleitung – die Pausen und Akzente anders gelagert sein.

14.1 Wilhelm Busch: Fuchs und Igel

[vɪlhɛlm ˈbʊʃ |
ˈfʊks ʔʊnt ˈʔiːɡl̩ ‖

1	g̊ants ˈʔʊnfɐɐ̯hɔft ʔan ʔaɛ̯nəm ˈhyːɡl̩ |
2	zɪnt zɪç bə̊ˈɡeːɡnət ˈfʊks ʔʊnt ˈʔiːɡl̩ ‖
3	ˈhalt | ʁiːf deːɐ̯ ˈfʊks | d̥uː ˈbøːzəvɪçt |
4	ˈkɛnstʼ d̥uː dɛs ˈkøːnɪçs ˈʔɔʁdɐ nɪçt |
5	ˈʔɪst nɪçtʼ deːɐ̯ ˈfʁiːdə lɛŋst fɐɐ̯kʏndɪçt
6	ˈʔʊnt ˈvaɛ̯stʼ d̥uː nɪçt | das ˈjeːdə ˈzʏndɪçt |
7	d̥eːɐ̯ ˈʔɪmɐ nɔx ɡ̊əˈʁʏstət ɡ̊eːt |
8	ˈʔɪm ˈnaːmən zaɛ̯nɐ majɛsˈtɛːt |
9	ɡ̊eː ˈheːɐ̯ ʔʊnt ʔyːbə̊ˈɡiːp d̥aɛ̯n ˈfɛl ‖
10	d̥eːɐ̯ ˈʔiːɡl̩ ʃpʁaːx | ˈnuːɐ̯ ˈnɪçt zoː ˈʃnɛl |
11	las ˈd̥iːɐ̯ ʔeːɐ̯stʼ d̥aɛ̯nə ˈtseːnə bʁɛçn̩ |
12	ˈdan vɔlən viːɐ̯ ʔʊns vaɛ̯tɐ ʃpʁɛçn̩ |
13	ʔʊnt ʔalzo ˈɡlaɛ̯ç | maxt ʔeːɐ̯ zɪç ˈʁʊnt |
14	ˈʃliːst zaɛ̯nən ˈdɪçtn̩ ˈʃtaxl̩bʊnt |
15	ʔʊntʼ ˈtʁɔtst ɡ̊əˈtʁoːstʼ d̥eːɐ̯ ˈɡantsn̩ ˈvɛlt |
16	bə̊ˈvafnət | d̥ɔx ʔals ˈfʁiːdn̩sˈhɛlt ‖]

14.2 Johann Wolfgang von Goethe: Gefunden

[ˈjoːhan vɔlfɡ̊aŋ fɔn ˈɡ̊øːtə |
ɡ̊əˈfʊndn̩ ‖

  1   ʔɪç ˈɡ̊ɪŋ ʔɪm ˈvaldə
  2   zoː ˈfyːɐ̯ mɪç ˈhɪn |
  3   ʔʊnt ˈnɪçts tsʊ ˈzuːxn̩
  4   ˈd̥as vaːɐ̯ maen̯ ˈzɪn ‖

  5   ʔɪm ˈʃatn̩ ˈzaː ʔɪç
  6   ʔaen̯ ˈblyːmçən ˈʃteːn |
  7   viː ˈʃtɛʁnə ˈlɔø̯çtənt |
  8   viː ˈʔɔø̯glaen̯ ˈʃøːn ‖

  9   ʔɪç vɔlt ʔɛs ˈb̥ʁɛçn̩ |
10   d̥aː ˈzaːkt ʔɛs ˈfaen̯ |
11   ˈz̥ɔl ʔɪç tsʊm ˈvɛlkn̩
12   ɡ̊əˈb̥ʁɔxn̩ ˈzaen̯ ‖

13   ʔɪç ˈɡ̊ʁuːps mɪt ˈʔalən
14   deːn ˈvʏʁtslaen̯ ˈʔaos̯ |
15   tsʊm ˈɡaʁtn̩ ˈtʁuːk ʔɪçs
16   ʔam ˈhʏpʃn̩ ˈhaos̯ ‖

17   ʔʊnt ˈpflantst ʔɛs ˈviːdɐ
18   ʔam ˈʃtɪlən ˈʔɔʁt |
19   ˈnuːn tsvaen̯kt ʔɛs ˈʔɪmɐ
20   ʔʊnt ˈb̥lyːt ˈz̥oː ˈfɔʁt ‖]

14.3 Heinrich Heine: Abenddämmerung

[haen̯ʁɪç ˈhaen̯ə |
ˈʔaːb̥m̩t̚ˈd̥ɛməʁʊŋ ‖

  1   ʔam ˈblasn̩ ˈmeːʁəsʃtʁandə |
  2   ˈzaːs ʔɪç | ɡ̊əˈd̥aŋkn̩b̥əkʏmɐt | ʔʊnt ˈʔaen̯zaːm |
  3   d̥iː ˈzɔnə ˈnaen̯ktə zɪç ˈtiːfɐ | ʔʊnt ˈvaʁf |
  4   ˈɡ̊lyːʁoːtə ˈʃtʁaen̯fn̩ ʔaof̯ d̥as vasɐ |
  5   ʔʊnt̚ d̥iː ˈvaen̯sn̩ ˈvaen̯tn̩ ˈvɛlən |
  6   fɔn deːɐ̯ ˈfluːt ɡ̊əˈd̥ʁɛŋt |
  7   ˈʃɔø̯mtn̩ ʔʊnt ˈʁaoʃtn̩ | ˈnɛːɐ ʔʊnt ˈnɛːɐ |

8 ʔaen̯ ˈzɛltsaːm gəˈʁøøʃ | ʔaen̯ ˈflʏstɐn ʔʊnt’ ˈpfaen̯fn̩ |
9 ʔaen̯ ˈlaxn̩ ʔʊnt ˈmʊʁmln̩ | ˈzɔøftsn̩ ʔʊnt ˈzao̯zn̩ |
10 daˈtsvɪʃn̩ | ʔaen̯ ˈviːgl̩iːtʔɛːnlɪçəs ˈzɪŋən |
11 miːɐ̯ ˈvaːɐ̯ | ʔals ˈhøːɐ̯t ʔɪç fɐ̯ˈʃɔlənə ˈzaːgn̩ |
12 ˈʔuːɐ̯ʔaltə ˈliːplɪçə ˈmɛʁçən | diː ʔɪç ʔaen̯st ʔals ˈknaːbə |
13 fɔn ˈnaxbaːɐ̯skɪndən fɐ̯ˈnaːm |
14 vɛn viːɐ̯ ʔam ˈzɔmɐʔaːbm̩t |
15 ʔao̯f deːn ˈtʁɛpm̩ʃtaen̯ən deːɐ̯ ˈhao̯styːɐ̯ |
16 tsʊm ˈʃtɪlən ʔɐ̯ˈtseːlən ˈniːdɐkao̯ɐtn̩ |
17 mɪt ˈklaen̯ən ˈhɔʁçn̩dən ˈhɛʁtsn̩ |
18 ʔʊnt ˈnɔøgiːɐ̯kluːgn̩ ʔao̯gn̩ |
19 vɛːʁənt’ diː ˈgʁoːsn̩ ˈmɛːtçən |
20 neːbm̩ ˈdʊftn̩dən ˈbluːmən̩tœpfn̩ |
21 ĝeːgn̩ʔyːbɐ ʔam ˈfɛnstɐ zaːsn̩ |
22 ˈʁoːzn̩gəzɪçtɐ |
23 ˈlɛçl̩nt ʔʊnt ˈmoːntbəglɛntst ‖]

14.4 Auszug aus Heinrich von Kleist: Über die allmähliche Verfertigung der Gedanken beim Reden

[ˈʔao̯stsuːk ʔao̯s | haen̯ʁɪç fɔn ˈklaen̯st |
ʔyːbɐ diː ʔalˈmeːlɪçə fɐ̯ˈfɐʁtɪgʊŋ deːɐ̯ gəˈdaŋkn̩ baen̯m ˈʁeːdn̩ ‖

1 vɛn duː ʔɛtvas ˈvɪsn̩ vɪlst | ʔʊnt ʔɛs d̥ʊʁç meditaˈtsjoːn nɪçt ˈfɪndn̩ kanst |
2 zoː ˈʁaːtə ʔɪç diːɐ̯ maen̯ liːbə zɪnʁaeçɐ fʁɔøn̯t | mɪt’ deːm ˈnɛːçstn̩
3 bəˈkantn̩ deːɐ̯ diːɐ̯ ʔao̯fʃtøːst | daːʁyːbɐ tsuː ˈʃpʁɛçn̩ | ʔɛs ˈbʁao̯xt nɪçt
4 ˈʔeːbm̩ ʔaen̯ ˈʃaʁfdɛŋkn̩d̥ɐ ˈkɔpf tsu zaen̯ | ʔao̯x ˈmaen̯ə ʔɪç ʔɛs nɪçt zoː |
5 ʔals ʔɔp ˈduː ʔiːn daːʁʊm bəˈfʁaːgn̩ zɔltəst | ˈnaen̯ | ˈfiːlmeːɐ̯ zɔlst’ duː ʔɛs
6 ʔiːm ˈzɛlbɐ | ˈʔalɐˈʔeːɐ̯st fɐ̯ˈtseːlən | ʔɪç zeːə dɪç tsvaːɐ̯ gʁoːsə ˈʔao̯gn̩ maxn̩ |
7 ʔʊnt miːɐ̯ ˈʔantvɔʁtn̩ | man ˈhaːbə diːɐ̯ ʔɪn ˈfʁyːɐn jaːʁən deːn ˈʁaːt ĝəgeːbm̩ |
8 fɔn ˈnɪçts tsu ˈʃpʁɛçn̩ ʔals ˈnuːɐ̯ fɔn ˈdɪŋən diː duː bəˈʁaets fɐ̯ˈʃteːst |
9 ˈdaːmaːls ʔaːbɐ ˈʃpʁaːxst duː vaːɐ̯ʃaen̯lɪç mɪt’ deːm ˈfoːɐ̯vɪts ʔandəʁə |
10 ˈʔɪç vɪl das duː ʔao̯s deːɐ̯ fɐ̯ˈʃtɛndɪgən ˈʔapzɪçt ʃpʁɛçəst | ˈdɪç tsu
11 bəˈleːʁən | ʔʊnt ˈzoː kœntn̩ | fyːɐ̯ fɐ̯ˈʃiːdənə fɛlə | fɐ̯ˈʃiːdənə | ˈb̥aed̥ə
12 ˈkluːkhaetsʁeːgl̩n | filaeçt ˈĝuːt neːbm̩ˈʔaen̯andɐ bəˈʃteːən ‖]

14.5 Auszug aus Friedrich Schiller: Der Handschuh

[ˈʔa̯ɔstsuːk ʔaɔs | fʁiːdʁɪç ˈʃɪlɐ |
deːɐ̯ ˈhantʃuː ‖

1   ʔʊnt’ deːɐ̯ ˈkøːnɪç vɪŋkt ˈviːdɐ |
2   daː ˈʃpae̯t’ das ˈdɔpl̩t gə’ʔœfnətə ˈhaɔs |
3   ˈtsvae̯ leo’paʁdn̩ mɪt ˈʔae̯nmaːl ʔaɔs |
4   diː ˈʃtʏʁtsn̩ mɪt ˈmuːtɪgɐ ˈkampfbəgiːɐ̯ |
5   ˈʔaɔf das ˈtiːgɐtiːɐ̯ |
6   das ˈpakt ziː mɪt zaɛ̯nən ˈgʁɪmɪgən ˈtatsn̩ |
7   ʔʊnt’ deːɐ̯ ˈlɔø mɪt gə’bʁʏl
8   ʁɪçtət zɪç ˈʔaɔf | daː vɪʁts ˈʃtɪl |
9   ʔʊnt hɛ’ʁʊm ʔɪm ˈkʁaɛ̯s |
10   fɔn ˈmɔʁtzʊxt ˈhaɛ̯s |
11   ˈlaːgən diː ˈgʁ̥ɔølɪçn̩ ˈkatsn̩‖]

14.6 Auszug aus Friedrich Schiller: Der Spaziergang

[ˈʔaɔstsuːk ʔaɔs | fʁiːdʁɪç ˈʃɪlɐ |
deːɐ̯ ʃpa’tsiːɐ̯gaŋ ‖

1   za̯e miːɐ̯ gə’gʁyːst mae̯n ˈbɛʁk mɪt’ deːm ˈʁøːtlɪç ˈʃtʁaːləndən ˈgɪpfl̩ |
2   za̯e miːɐ̯ ˈzɔnə gə’gʁyːst | diː ʔiːn zoː ˈliːplɪç bə’ʃae̯nt |
3   ˈdɪç ˈʔaɔx ˈg̊ʁyːs ʔɪç | bə’le̯ːptə ˈfluːɐ̯ | ˈʔɔø̯ç ˈzɔø̯zl̩ndə ˈlɪndn̩ |
4   ʔʊnt’ deːn ˈfʁøːlɪçn̩ ˈkoːɐ̯ | deːɐ̯ ʔaɔf deːn ˈʔɛstn̩ zɪç viːkt |
5   ˈʁuːɪgə ˈblɔøə | ˈdɪç ˈʔaɔx | diː ˈʔʊnʔɛɐ̯ˈmɛslɪç zɪç ˈʔaɔsgiːst |
6   ʔʊm das ˈbʁaɔnə gə’bɪʁk | ʔyːbɐ deːn ˈgʁyːnəndn̩ ˈvalt |
7   ˈʔaɔx ʔʊm ˈmɪç | deːɐ̯ ˈʔɛntlɪç ʔɛnt’floːn dɛs ˈtsɪmɐs gə’fɛŋnɪs |
8   ʔʊnt’ deːm ˈʔɛŋən gə’ʃpʁɛːç | ˈfʁɔø̯dɪç zɪç ˈʁɛtət tsu: ˈdiːɐ̯ |
9   ˈdae̯nə ˈlʏftə bal’zaːmɪʃə ˈʃtʁoːm | dʊʁç’ʁɪnt mɪç ˈʔɛɐ̯’kvɪkənt |
10   ʔʊnt’ deːn ˈdʊʁstɪgn̩ ˈblɪk ˈlaːpt’ das ˈʔenɛʁgɪʃə ˈlɪçt |
11   ˈkʁɛftɪç ʔaɔf ˈblyːəndə ˈʔaɔ ʔɛɐ̯’glɛntsn̩ diː ˈvɛksl̩ndn̩ ˈfaʁbn̩ |
12   ˈʔaːbɐ deːɐ̯ ˈʁae̯tsn̩də ˈʃtʁae̯t | ˈløːzət ʔɪn ˈʔanmuːt zɪç ˈʔaɔf |
13   ˈfʁae̯ ʔɛmpfɛŋt mɪç diː ˈviːzə | mɪt ˈvae̯thɪn fɛɐ̯bʁae̯tətəm ˈtɛpɪç |
14   dʊʁç ʔiːɐ̯ ˈfʁɔø̯ntlɪçəs ˈgʁyːn | ˈʃlɪŋkt zɪç deːɐ̯ ˈlɛntlɪçə ˈpfaːt |
15   ˈʔʊm mɪç ˈzʊmt’ diː gəʃɛftɪgə ˈbiːn | mɪt’ ˈtsvae̯flndəm ˈflyːgl̩ |
16   viːkt’ deːɐ̯ ˈʃmɛtɐlɪŋ zɪç ʔyːbɐ deːm ˈʁøːtlɪçn̩ ˈkleː |
17   ˈg̊lyːənt’ tʁɪft mɪç deːɐ̯ ˈzɔnə ˈpfae̯l | ˈʃtɪl liːgən diː ˈvɛstə |
18   ˈnuːɐ̯ deːɐ̯ lɛʁçə gə’zaŋ | ˈvɪʁbl̩t ʔɪn ˈhae̯tɐʁɐ ˈlʊft ‖]

14.7 Auszug aus Kurt Tucholsky: Die Kunst, falsch zu reisen

[ˈʔao̯stsuːk ʔao̯s | kʊʁtˀ tʊˈxɔlski |

di̥ː ˈkʊnst | ˈfalʃ tsʊ ˈʁae̯zn̩ ‖

1   vɛn duː ˈʁae̯zn̩ vɪlst | fɛɐ̯ˈlaŋə fɔn deːɐ̯ ˈgeːgn̩t | ʔɪn diː duː ˈʁae̯st |

2   ˈʔaləs | ʃøːnə naˈtuːɐ̯ | de̥ːn kɔmfoːɐ̯ deːɐ̯ ˈgʁoːsʃtat |

3   ˈkʊnstg̊əʃɪçtlɪçə ˈʔaltɐtyːmɐ | b̥ɪlɪgə ˈpʁae̯zə | ˈmeːɐ̯ | g̊əˈbɪʁgə | ʔalzoː

4   ˈfɔɐ̯n diː ˈʔɔstzeː | ʔʊnt ˈhɪntən diː ˈlae̯ptsɪgɐ ˈʃtʁaːsə |

5   ʔɪstˀ d̥as ˈnɪçt foːɐ̯handn̩ | dan ˈʃɪmpfə ‖

6   vɛn duː ˈʁae̯st | nɪm ʔʊm ˈgɔtəs vɪln kae̯nə ˈʁʏkzɪçt ʔao̯f d̥ae̯nə

7   ˈmɪtʁae̯zn̩dən | ziː leːg̊n̩ ʔɛs diːɐ̯ ʔals ˈʃvɛçə ʔao̯s | ˈd̥uː hast b̥əˈtsaːlt |

8   ʔʊntˀ diː ˈʔandəʁən faːʁən ʔalə ʔʊmˈzɔnst ‖

9   b̥əˈdɛŋkə | d̥as ʔɛs fɔn ˈʔʊngəhøːʁɐ ˈvɪçtɪçkae̯t ʔɪst | ʔɔp duː ʔae̯nən

10   ˈfɛnstɐplats hast ʔoːdɐ ˈnɪçt | d̥as ʔɪm ˈnɪçtʁao̯xɐʔaptae̯l ʔae̯nə ˈʁao̯xt |

11   mʊs zoˈfɔɐ̯t ʔʊnt ʔɪn d̥eːn ˈʃɛɐ̯fstn̩ ʔao̯sd̥ʁʏkn̩ g̊əˈʁyːkt veːɐ̯dn̩ | ʔɪstˀ

12   deːɐ̯ ˈʃafnɐ nɪçtˀ ˈd̥aː | d̥an fɛɐ̯ˈtʁɪt ʔiːn ʔae̯nstvae̯lən | ʔʊnt zae̯ poliˈtsae̯ |

13   ˈʃtaːt | ʔʊnt ˈʁɛçn̩də ˈneːmezɪs ʔɪn ˈʔae̯nəm | d̥as fɛɐ̯ˈʃøːnt diː ˈʁae̯zə | zae̯

14   ʔyːbɐˈhao̯ptˀ ˈʔʊnliːb̥m̩svʏʁdɪç | ˈd̥aːʁan fɛɐ̯ˈkɛnt man deːn ˈman ‖

15   max diːɐ̯ ʔae̯nən kɔstn̩ˈfoːɐ̯ʔanʃlaːk b̥əfoːʁə duː ˈʁae̯st | ʔʊnt tsvaːɐ̯ ˈbɪs ʔao̯f d̥eːn

16   ˈpfɛnɪç g̊əˈnao̯ | ˈmøːklɪçst ʔʊm hʊndɐt maʁk tsuː g̊əˈʁɪŋ | man kan d̥as

17   ˈʔɪmɐ ʔae̯nʃpaːʁən | ˈd̥aːdʊʁç neːmlɪç | d̥as man ˈʔyːbɐʔal ˈhandl̩t |

18   deːɐ̯ˈglae̯çn̩ maxt b̥əˈliːpt ʔʊnt ˈhae̯tət ʔyːbɐˈhao̯ptˀ diː ʁae̯zə ʔao̯f | faːɐ̯

19   ˈliːbɐ nɔx ʔae̯n ˈʔɛntçən ˈvae̯tɐ | ʔals ʔɛs d̥ae̯n ˈgɛltb̥øøtl̩ g̊əˈʃtatət | ʔʊnt

20   b̥ʁɪŋ d̥eːn ʁɛstˀ ˈd̥aːdʊʁç ʔae̯n | d̥as ˈd̥uː tsuː ˈfuːs g̊eːst | voː diː ˈvaːgn̩faːɐ̯t

21   ˈʔangəneːmɐ ʔɪst | d̥as ˈd̥uː tsuː veːnɪç ˈtʁɪnkˀg̊ɛldɐ ˈgiːpst |

22   ʔʊntˀ d̥as ˈd̥uː ʔyːbɐhao̯pt ʔɪn ˈjeːdəm ˈfʁɛmdən ʔae̯nən ˈʔaːsg̊ae̯ɐ ziːst ‖

23   fɛɐ̯gɪs d̥abae̯ ˈniː diː ˈhao̯ptʁeːgl̩ ˈjeːdɐ g̊əˈzʊndn̩ ˈʁae̯zə |

24   ˈʔɛɐ̯gəʁə d̥ɪç ‖]

14.8 Helge Skirl: Aschblond

[hɛlgə ˈskɪʁl |
ʔaʃˈblɔnt |

1   da͜en ʔaʃblɔndəs ˈhaːʁ̩ | vaːʁ̩ viː di: fjɔʁdə ʔɪm ˈvɪntə |føːgl̩ ˈkʁa͜eʃtn̩
2   ʔyːbm̩ meːʁ̩ | ʔam ˈʃtʁant fɛʔa͜entsəlt | laːgŋ̍ voːl toːtə ʔaʁtg̊ənɔsn̩ |
3   da͜enə ʔa͜ogŋ̍ vaːʁən ˈkalt | ʔʊnt ˈbla͜o | nɪçts vaːʁ̩ ʔa͜os ʔiːnən tsuː leːzn̩ |
4   mançmaːl fiːl diːʁ̩ das ˈhaːʁ̩ | fɔm vɪnt ʔɪns g̊əˈzɪçt | zoː das ʔɪç
5   ʔa͜ogŋ̍blɪkə nuːʁ̩ | fɔn da͜enəm toːtn̩ ˈblɪk | fɛʁ̩ˈʃoːnt bl̩iːp |
6   laŋzaːm ʔɛʁ̩fastə di: ˈkɛltə ma͜enə knɔxn̩ | viːʁ̩ ˈvʁdn̩ ʔɪn diː ˈvʁdn̩ ʔɪn diː
7   ˈhɪtsə deːʁ̩ ˈhyːtə tsuːˈʁʏkˈkeːʁən | ʔʊntˈdi: flamən dɛs fo͜øʁs |
8   vʁdn̩ zɪç ˈʃpiːgl̩n | ʔa͜of da͜enəm ˈhaːʁ̩ ‖]

14.9 Helge Skirl: Bald verweht

[hɛlgə ˈskɪʁl |
ˈb̥alt fɛʁ̩ˈveːt |

1   deːʁ̩ ˈzɔmɐ ʔyːbɐˈʃtandn̩ |
2   ʔeːʁ̩ vaːʁ̩ zoː la͜o ʔʊnt ˈg̊ʁa͜o |
3   vɛn nuːn di: faʁbm̩ landn̩ |
4   ʔɪn ˈblɛtɐn foːʁ̩ deːm ˈbla͜o |
5   dɛs ˈhɪml̩s | dɛsn̩ mɪtə
6   ʔɛʁ̩fʏlt ʔɪst fɔn deːʁ̩ pʁaxt
7   deːʁ̩ ˈʃpɛːtn̩ ˈzɔnə ˈbɪtə |
8   d̥ʊʁç ˈvɛlçə nɔx ʔɛntfaxt
9   vɪʁt ˈʁa͜oʃnt ˈʃveːʁə ˈhɪtsə
10   di: ʔɪn deːn fluːʁən ʃteːt |
11   nuːʁ̩ ʔa͜enmaːl ʔɪm bəˈzɪtsə
12   deːʁ̩ ˈblɛtɐ | b̥alt fɛʁ̩veːt ‖]

14.10 Gottfried Meinhold: Aus Lachverbot – Traum

[ǵɔtfʁiːt maenhɔlt |
ʔaos laxfɛ̯ɐ̯boːt ‖
tʁaom |

1 ʔam mɔʁgŋ̍ zeːə ʔɪç | deːɐ̯ fɪʃ deːn ʔɪç ǵɛsten ʔɛ̯ɐ̯ˈvɔʁbm̩ ˈhaːbə | ʔɪst

2 ʔyːbɐ naxt ǵəˈvaksn̩ | hatˈdas ˈvasɐ ʔaos deːm ʔaˈkvaːʁjʊm fɛ̯ɐ̯dʁɛŋt | bɪs

3 ʔaof ʔaenən ˈʁɛst | ʔɪn deːm ʔeːɐ̯ zɪç flɔsn̩ʃlaːgənt ˈʔapkɛmpft | ˈǵlaȩç vɪʁt

4 ʔeːɐ̯ di: ˈglaːsvɛndə ʃpʁɛŋən | ʔeːɐ̯ ʔɪst ʃoːn bae deːɐ̯ ʔɛntˈʃaȩdn̩dən

5 ˈʔanʃpanʊŋ | das ˈǵlaːs ˈbɪʁst | ˈʔeːɐ̯ ʔɛ̯ɐ̯ˈheːpt zɪç | ʔɪn ˈhoːəm ˈboːgŋ̍ | mɪt

6 ˈʁuːdəndən flɔsn̩ ʔɪn di: lʊft ʔʊnt flɪkt ʔɪm tsɪmɐ | ˈhɪn ʔʊnt ˈheːɐ̯ |ʔaen

7 mɛçtɪgɐ foːgl̩ | ʔeːɐ̯ ˈʃtɔɐ̯̈et ʔaːbɐ | ʔʊngəʃɪkt ʔʊnt pʁalt ǵeːgŋ̍ di:

8 fɛnstɐʃaȩbə | ʔɪç mʊs mɪç ˈbʏkən | ʔʊm nɪçt fɔn ʔiːm gəˈʃtʁaeft tsuː

9 veːɐ̯dn̩ | ʔeːɐ̯ hat ʔɛs ʔaof mɪç ˈʔapǵəzeːən |nɪçt ˈʃnɛl gənuːkˀ kan ʔɪç

10 di: fɛnstɐflyːgl̩ ˈʔaofʁaesn̩ | ʔeːɐ̯ fɛ̯ɐ̯ˈhedɐt zɪç ʔɪn deːɐ̯ gaʁˈdiːnə ʔʊnt

11 ˈǵeːtˀ tsuː ˈboːdn̩ |ʔɛs tʊːt miːɐ̯ ˈveː | ˈda: ʔɛ̯ɐ̯ˈheːpt ʔeːɐ̯ zɪç viːdɐ | ʔʊnt naːx

12 ˈʔaenɪgŋ̍ kʁaezn̩ ʔɪm tsɪmɐ ˈʃiːst ʔeːɐ̯ hɪnˈaos |ʔaof nɪmɐ ˈviːdɐzeːən |

13 ˈhɔfə ʔɪç | ʔʊnt b̥lɪkə ʔiːm naːx |vi: ʔeːɐ̯ balt ˈhoːx balt flax

14 ˈdʁaosn̩ ʔyːbɐ deːn ˈkœpfn̩ deːɐ̯ ʔɛntˈzɛtstn̩ paˈsantn̩ hɪntsiːt |

15 ˈʔaof ʃtaeǵŋ̍t ʔʊnt ʔɪm ˈʃtʊʁtsfluːk | ˈǵʁøːsɐ ʔʊnt ˈǵʁøːsɐ | ʔaen giˈgant deːɐ̯

16 lʏftə | ʔɪç ˈbɪn ʔiːn loːs | ˈjuːblə ʔɪç |ʔʊnt ˈʃliːsə das fɛnstɐ | mɪç ʔɪn

17 ˈzɪçɐhaet viːgənt |ʔaːbɐ di: ˈgʁɛlən ˈʃʁaeə fɔn ˈʔʊntn̩ | lasn̩ miːɐ̯

18 kaenə ˈʁuːə | jeːmant hat naːx deːɐ̯ føɐ̯veːɐ̯ gəfʁiːən | ʔaen ˈʔandəʁɐ | naːx

19 deːɐ̯ politsae | ˈdan kɔmtˀdeːɐ̯ ˈʁuːf | naːx deːɐ̯ ʔaʁmeː | ʔʊnt ˈʔɪç ʃlaːgə di:

20 ˈhɛndə foːɐ̯s ǵəzɪçt | ʔʊm nɪçt mɪt ˈʔanzeːən tsuː mʏsn̩ | ˈvas ˈʔɪç

21 ˈʔangəʁɪçtət haːbə ‖]

15 Lösungen zur engen Transkription

15.1 Gespräch Schuhkauf

GS01 C: ich habe also ein Paar Schuhe gesehen also die sind
[ʔɪç 'fiaβ azəm pʰaˑ 'ʃuˑə gə'zeːn a̠z̪ʷ d̪i 'z̪ɪnːː|

GS02   vielleicht ein bisschen ähnlich wie deine
fɪlɛe̯ç d̪ⁿn̪ 'bɪsçn̪ ʔɛːnlɪç v̪i 'd̪ae̯n̠ʒ ʔ˺|

GS03   aber die gibts in zwei em zwei Höhen
βɐ di jɪpts m̪ tsβae̯ː ə̠ːmːː | tsv̠ae̯ 'fiøːn |

GS04   einmal so als flachen Schuh und einmal ein bisschen
ʔa̠enmal zo a̠ls 'flaxn̠ʲ ʃuː n̪ a̠enma m bɪsçn̪

GS05   höher die gibt's in olivgrün rot und schwarz
'fiøːɐ̯ |di ɣ̊ɪps m̪ o̠'liːfɠ̊ɐ̯yːn 'ʁoːtˀ ʔʊn̪t 'ʃv̠ãːts

GS06   und ich find alle drei Farben schön *lachen*
°h° n̪ɪç fɪnd a̠lə dʁae̯ 'faːbm̪ 'ʃøːn ‖

GS07   im letzter Instanz bleibt man bei schwarz
ʔɪm 'lɛtsɛ n̪sans b̪la̠e̯bˀ man bae̯ 'ʃvaːts |]

GS08 D: na ich neige ja immer eher zu solchen festen stabileren
[na ɪç 'nae̯k ja ɪmɐ 'eːɐ tsu z̪ɔçn̪ 'fɛsd̪ⁿn̪ | ʃd̪aˑ'b̪iːləʁən

GS09   Formen bei denen war ich mir erst nicht so sicher aber
fɔːm | bae̯ 'd̪en va ç mɪ ɛs 'n̪ɪç sʊ 'z̪ɪçə a̠βə

GS10   ach naja zur Hose sehen sie ganz schön aus
ʔa̠ naja tsʊ 'fioːzə z̪eːn z̪ɪ gantʃ 'ʃøːn aʊs ‖|]

15.2 Gespräch Urlaub

GU01A: also mir ist das irgendwie aufgefallen dass viele
           [ʔazə ˈmiə̯ s əs ɣŋvi ˈa̯o̯fɣəfaln as ˈfilə

GU02   im Bekanntenkreis jetzt wieder zunehmend so in den
           m̩ bəˈkʰannn̩kʁaᵉs | jɛts vidɐ ˈtsuːneːmˑd zo m̩ dɪn: |

GU03   in den Osten fahren also auch übern Sommer und dann
           m̩ dən ˈʔɔsˑn̩ faːnˠ |ʔazo ˈa̯o̯h | yβɐn ᵈ zɔmɐ |ʔʊn d̩an

GU04   einfach noch mal so eine Woche irgendwie im Frühjahr
           ˈa̯e̯m̩fa nɔh ma zo nə ˈvɔxəˑ | ʔɐgⁿŋ̩tviː m̩ˈpfʁyːjaː

GU05   oder über Weihnachten em so mal in den Süden fliegen
           o̩d̩ɐ͜ː yβɐ ˈva̯e̯naxn̩n̩ |ʔəˑm |zoːː mal m̩ ᵈzyːdⁿn̩ fliːgⁿŋ̩

GU06   wenn es hier nicht so schön ist und das habe ich
           vɛns hiːɐ̯ ˈnɪç zo ʃøːn ɪs |ʊnt̚d̥əs ˈhaβ ɪç

GU07   ja dieses Jahr auch gemacht und e habe gemerkt
           ja ˈdɪzəs jaː ˈa̯o̯h zo gəmaxt |ʊnːtʰ ə ʔ əː haβ g̊əˈmɛɐ̯kt

GU08   dieses Jahr dass das eigentlich wirklich total schön und
           diːsəs ja dz̩s s̩ ʔa̯e̯ŋg̊ç vʁglɪç tʰotʰaˑl ˈʃøːn ʊn̩d̥

GU09   auch entspannend ist im Sommer da nicht so weit wegfahren
           a̯o̯xɛntˈʃban̩t ɪs |zoː m̩ ˈzɔmɐ d̩aː nɪç zo ˈva̯e̯t vɛktsʊfãːẽⁿˠ |

GU10   und em ja einfach so in so einer Gegend zu sein wo auch
           ʊntʰ ʔə̩ːmː|ᵇᵈja: a̯e̯m̩fax ˈzo m̩ zõnɐ ˈg̊eːgⁿŋ̩ tsʊ za̯e̯n| vo a̯o̯x

GU11   touristisch nicht so viel los ist das war angenehm
           tʊˑʁɪst̩ʃ ˈnɪç zo fiːl |ˈloːs ɪs dəs vãː |ˈa̩njəneːm |]

GU12B: mm
           [m̩m̩ː|]

GU13A: und dann war das eine richtig deutsche Enklave also es
           [ʔn̩ ˈdan vːa ɹəs n̩ ʁɪçdɪç ˈdɔø̯tʃə m̩ˈklaːvə a̯zo s

GU14 waren sehr viele Urlauber aus den alten Bundesländern dort
    vaːnˠ ˈzeːɐ̯ ˈfiːlə |ˈʔuːʁlaɔβ̥ɐ a̯ɔs dən: |ˈʔaltⁿn̩ ˈbʊndəslɛnɐn dɔt˺

GU15 das hat mich echt erstaunt wirklich
    dəs ɦədⁿ mɪç ˈɛçd ɛˈʃda̯ɔnd̥ |ˈvɤĝlɪç |]

GU16B: hm C: hm
    [ˈm̩m: | m̩m:]

GU17A: also die entdecken das jetzt für sich ganz anders
    [ʔazɤ ˈdiː ɛnˈd̥ɛkⁿŋ̍ dəs jɵts fɐ zɪç ĝants ˈa̯neːs |]

GU18B: hm
    [m̩m |]

GU19A: so oder oder neu oder die nutzen das ganz intensiv
    [z̥oː: | o̯dɐ |ʔodɐ ˈnɔ̯ø o̯dɐ | d̥iː ˈnʊtsn̩ das: | ĝants ɪn̩tʰɛnˈziːf

GU20 dort hätte ich nicht gedacht
    d̥ɔːtˠ | hɛtç ˈnɪç ĝəˈdaht |]

GU21B: also ich kenne auch einige die jetzt aus den alten
    [zɪç kʰɛn ˈa̯ɔx ˈa̯enigɪ diː jɛtst a̯ɔs n̩ ˈaln̩n̩

GU22 Bundesländern gern nach Mecklenburg fahren
    bʊn̩slɛnɐn gɛn nax ˈme̞klənbʊʁk faːnˠ

GU23 in Urlaub und und das also vor allem Familien
    ɪn ˈʔuʁla̯ɔp˺ | ʔʊnːt | ʔʊntˈdasĝ | ʔəls fɐ a̯lm faˈmiːljən

GU24 mit Kindern ne vielleicht sind es auch
    mɪt ˈkʰɪndɐn nə |fi̞lɛe̞çt zɪns a̯ɔh

GU25 Preisgründe aber die dann so richtig feste Quartiere
    ˈpʁ̥a̯e̞sĝʁ̥ʏnːə a̯β̥ɐ | i d̥an zo ʁɪçdɪç ˈfɛstə kʏaˈtʰiːʁɐ

GU26 haben in die die immer wieder kommen jedes Jahr
    ɦiam ɪn i di ˈɪmɐ ˈviˑtɐ kʰɔm ˈjedəs ˈjaː |

GU27   und da entwickeln sich richtig Freundschaften die
              ʊn daː| n̥tʰˈvɪɡ̊əln zɪç ˈʁɪçɪç ˈfʁɔønʃafn i

GU28   planen dann schon zusammen Urlaub und so m
              ˈplaːnan ʃɔn tsu̞zam ˈʔuːɐ̯laɔβ ʊn zo̞ | m |]

GU29B: ja ja das war da auch so e können wir schon
              [ja ˈja d̥əs va̞ ra ˈaɔh zo̞ː | ʔɜˈkʰœɱ vɐ ʃon

GU30   für nächstes Jahr buchen das war mir völlig
              fʏ ˈneːstəs jaː b̥uːxn̩ d̥əs ˈvaː mɪ ˈfœlɪç

GU31   fremd ja das man gleich so fürs nächste Jahr wieder
              ˈfʁɛmt jaː dəs maŋ ˈɡ̊laɛç zo̞ fʏˑs ˈneːsdə jaː vid̥ɐ |

GU32   bucht e kann ich mir gar nicht so festlegen
              ˈb̥uːxt ʔə | kan ɪç mɪ ˈɡ̊a nɪç zo̞ː ˈfɛstˡleːɡn̩ |]

GU33A: hm ich glaube eben das das wäre mir also jetzt
              [m̩m | jˈɮˠaɔβə m̩ d̥əs | d̥əs veːɐ̯ ˈmiːɐ̯ ʔazo̞ ˈjɛtsd̥

GU34   im Moment würde ich sagen ein bisschen
              ɪ̩m mo̞ˈmɛnn̩ vʏdɪç zaŋː | m̩ ˈbɪsçm̩

GU35   beängstigend das Gefühl dann immer nur unter
              b̥ɛˈʔɛŋstɪɡn̩dəs ɡ̊əˈfyːl | dɛn ˈʔimɐ nuːɐ̯ ʊntɐ

GU36   Deutschen zu sein im Ausland ich weiß nicht
              ˈd̥ɔøtˀʃn̩ tsə zaɛn ɪ̩m ˈaɔslant | ç ˈva̞ɛs nɪç |

GU37   finde es eigentlich spannend wenn man woanders ist
              fn̩əs ˈaɛn̩dɪ ˈʃbann̩d̥ vɛmanʷo̞ˈanɐs ˈɪs ‖]]

15.3 Nachrichten: Sprecher D. K. Mäurer

NM01   Dresden
             ['dʁeːsdn̩ |

NM02   In Sachsen sind keine belasteten Eier und Fleischwaren
             ʔɪn 'zaksz̃ zz̃nt 'kʰae̯nə bə'lasːətn̩ 'ae̯ɐ ʊnt 'flae̯ʃyaːnˠ

NM03   gefunden worden. Experten haben bei Untersuchungen auf die
             gəfʊnʔn̩ vɔːdn̩ | ʔɛks'pʰɛɐ̯tn̩ ɦaːbm̩ bae̯ ʊntə'zuːʁʊŋən aʊ̯f d̥iː

NM04   krebserregende Substanz PCB keine Überschreitung der
             'k̥xeːpsɐʁeːgɪ̃n̩ə zʊb̥s'tʰants pʰeˑtseː'beː 'kʰae̯nə ybɐ'ʃʁae̯tʰʊŋən dɛ

NM05   zulässigen Grenzwerte festgestellt. Die
             'tsuːlɛsɪɡ̊n̩ 'gʁɛntsyeːɐ̯tʰə fɛstɡ̊əʃtɛltʰ | d̥iː

NM06   Lebensmittelüberwachungsbehörden hatten die Proben
             'leːbm̩smɪtl̩ybə'vaxʊŋsb̥øɸøːɐ̯dn̩ ɦatn̩ d̥i pʁoːbm̩

NM07   vorsorglich genommen, weil in einer Reihe von sächsischen
             'foːɐ̯zɔːɡ̊lɪç ɡ̊ənɔmː| ʋal ɪn a̯nɐ 'ʁae̯ fɔn 'zɛksɪʃn̩

NM08   Landwirtschaftsbetrieben wahrscheinlich PCB-belastetes Futter
             'lantyɐːtʃaftsb̥ətʁiːbm̩ | ʋa'ʃae̯nlɪç pʰeːtseː'beːbəlasːədəs 'fʊtʰə

NM09   gefüttert worden war. Die Verunreinigung stammte nach
             fəfʏtɐt vɔːɐ̯dn̩ vaː | d̥i fɐʊ̯nʁae̯nɪɡʊŋ ʃdamtʰə naɐ

NM10   Angaben des Sächsischen Landwirtschaftsministeriums
             'a̯ngaːbm̩ dɛs zɛksɪʃn̩ 'lantyətʃaftsmɪnɪstʰeːɐ̯jʊmps |

NM11   vermutlich aus verschmutztem Pflanzenöl.
             fəmuːtlɪç a̯ʊ̯s fə'ʃmʊtst̥əm 'pflantsn̩øːl ‖]

NM12   Karlsruhe
             ['kʰalˠsʁuə|

NM13   RTL ist mit dem Versuch gescheitert, ein Gerät zum
             ʔɛʁtʰeː'ʔɛl ɪs mɪt'd̥eːm fə'zuːx ɡ̊ə'ʃae̯tʰɐt a̯ɛn ɡə'ʁɛːtʰ tsʊm

NM14   Ausblenden von Fernsehwerbung verbieten zu lassen. Der
        a̯ʊsb̥lɛn̩n̩ fɔn ˈfɛɐ̯nzeːvɛɐ̯bʊŋ fə̥ˈbiːtn̩ tsʊ lasn̩ | dɛ

NM15   Bundesgerichtshof hat die Klage des Privatsenders
        bʊndəsg̊ə̥ˈʁɪçtshoːf hat̚ˈdi̥ ˈkl̥aːgə dəs pʁi̥ˈvaːtzɛndɐs

NM16   zurückgewiesen. Mit dem Urteil ging ein rund fünfjähriger
        tsʊˈʁʏk̚g̊əviːzn̩ | mɪt̚ˈdeːm ˈʊɐ̯tʰae̯l gɪŋ ae̯n ʁʊnt ˈfʏŋfjɛːʁigɐ

NM17   Rechtsstreit um das Gerät zu Ende. Der Apparat
        ˈʁɛçtsʃtʁae̯t ʊm dəsɛʔ g̊ə̥ˈʁɛːtʰ tsʊ ˈɛndə | dɛ apʰaˈʁaːt

NM18   blendet Werbespots automatisch aus oder
        bl̥ɛndət ˈvɛɐ̯bəspɔts ˈa̯ʊtomaːtʰʏʃ ˈʔa̯ʊs o̥ɾə

NM19   schaltet auf einen werbefreien Kanal um.
        ʃaltʰət a̯ʊf ae̯nən ˈvɛɐ̯bəfʁae̯n kʰaˈnaːl ʊm |

NM20   RTL befürchtet, dass mit der Neuentwicklung die
        ʔɛʁtʰeːˈʔɛl bə̥ˈfʏɐ̯çtʰɪtʰ | das mɪt̚ˈdeːɐ̯ ˈnɔ̯øɛntvɪklʊŋ | di̥

NM21   Werbeeinnahmen von Privatsendern gefährdet sind.
        vɛɐ̯bəae̯nnaːmən fɔn pʁi̥ˈvaːtzɛnɐn g̊ə̥ˈfɛɐ̯dət zɪndz ‖]

NM22   Berlin
        [b̥ɛɐ̯ˈliːn |

NM23   Fast zwei Millionen Patienten müssen schon
        ˈfas ˈtsvae̯ mi̥ijoːnən pʰaˈtsjɛnn̩n̩ mʏsn̩ ʃoːn

NM24   nichts mehr zuzahlen. Nach einer Umfrage der
        ˈnɪçts me̥ɐ̯ ˈtsuːtsaːln | nax ae̯nɐ ˈʊmfʁaːgə dɛ

NM25   Bildzeitung bei den gesetzlichen Krankenkassen
        ˈbɪlt̚tsae̯tʰʊŋ b̥ae̯ dən gəzɛtslɪçn̩ ˈkʁaŋŋ̍kʰasn̩ |

NM26   haben 1,83 Millionen
        haˑbm̩ ˈae̯ntskʰɔma ˈʔaxt̚dʁae̯ mɪijoːnən

NM27   Menschen inzwischen die Ausgabengrenze
        ˈmɛnʃn̩ ɪntsvɪʃn̩ di a̯ʊsg̊ḁːbm̩g̊ʁɛntsə

NM28   erreicht, bis zu der man zu Medikamenten,
        ɐ̯ˈʁaeçt | ˈbɪs ʦʊ ˈdeːɐ̯ man ʦʊ mɪdi̥kʰaˈmɛntn̩ |

NM29   Arztbesuchen oder Krankenhausaufenthalten
        ˈʔaːʦtˈbəzuːxn̩ | o̥dɐ ˈkʁaŋkⁿn̩ɦaos ḁo̥fn̩thaltⁿn̩ |

NM30   zuzahlen muss. Sie liegt bei zwei Prozent des
        ˈʦuːʦaːln mʊs | z̥iː ˈliːkt b̥ae ˈʦvae p̥ʁoˈʦɛnt dəs

NM31   Brutto-Jahreseinkommens, bei chronisch
        b̥ʁʊtʰo ˈjaːʁəs ʔaenkʰɔmens | b̥ae ˈkʁoːnɪʃ

NM32   Kranken bei ein Prozent. Die Regelung im Rahmen der
        ˈkʁaŋkⁿn̩ b̥a ʔaenəm p̥ʁoʦɛntʰ | d̥i̥ ˈʁeːɣəlʊŋ ɪm ʁaːmən dɐ

NM33   Gesundheitsreform ist seit einem halben Jahr
        gəˈzʊnthaeʦʁəfɔːm ɪsˍ zaet aenəm ˈɦalbm̩ ˈjaː

NM34   in Kraft.
        ɪn kʁaftʰ ‖]

15.4 Nachrichten: Sprecher G. Töpfer

NT01 Halle
    ['halə |

NT02 Aus dem Gefängnis 'Roter Ochse' ist ein Häftling
    ʔaos əm gə'fɛŋnɪz ʀoːtɐ 'ʔɔksə ɪst aen fiɛftlɪŋ

NT03 ausgebrochen. Nach Angaben des Justizministeriums zersägte
    aosg̊əbʀɔxn̩ | naːx 'aŋaːbm̩ nəs jʊs'tiːtsmɪnɪstʰɛʀiʊms səzeːk˺də

NT04 der Vierundzwanzigjährige die Gitterstäbe seiner Zelle und seilte
    dɛ 'fiʊntsvantsɪçjeːʀɣə di 'g̊ɪtʰəʃtɛːβə zaenɐ 'tsɛlə | ʔʊnt z̥aeltə

NT05 sich ab. Mit zwei Leitern habe er die Gefängnismauer
    zɪç 'ʔap | mɪ 'tsvae 'laetɐn fiaβə ɛ di ɣə'fɛŋnɪsmaoɐ

NT06 überwunden. Dabei soll er Hilfe von außen gehabt haben. Der
    yβɐ'vʊnn̩n̩ | 'daːβae z̥ɔl ɛ 'fiɪlfə fɔn 'aosn̩ g̊əfiap't haːbm̩ | dɛ

NT07 Mann saß seit Dezember wegen Raubes in Untersuchungshaft.
    'man zaːs z̥aet˺dɪ'tsɛmbɐ veg̊n̩ 'ʀaobəs ɪn ʊntəzuːxʊŋsfiaftʰ |

NT08 Im Mai war er zu einer Freiheitsstrafe von mehr als drei Jahren
    ʔɪm 'mae vaˑ ɛ tsʊˑ nɐ 'fʀaefiaetʃtʀaːfʏ fɔn 'meːʀ as dʀae 'jaːʀən

NT09 verurteilt worden.
    fɐʊtaelt vɔːdn̩ ‖]

NT10 Braunschweig
    ['b̥ʀaonʃvaek |

NT11 Der Deutsche Elternverein hat die Forderung nach einem
    dɛ 'd̥ɔɪtʃə 'ɛltʰɐnfɐaen fiat'di: 'fɔːdəʀʊŋ naʀ aenəm

NT12 Kindergarten-Pflichtjahr unterstützt. Die Vorsitzende Mundlos
    'kʰɪn'əgaʀtn̩ 'pflɪçtjaˑɐ ʔʊntə'ʃtʏtst | di 'fɔːzɪtsn̩də 'mʊntloːs

NT13 sagte, gleich zu Beginn sollten die sprachlichen Fähigkeiten der
    'z̥aːktə | g̊laeç tsʊ βə'gɪn zɔltn̩ di: ʃpʀaːxlɪçn̩ 'feːɪçkʰaetn̩ dɛ

NT14   Kinder überprüft werden. Dann sei eine gezielte Förderung
kʰɪndə y̆bə'pʁy:ft vɛːɐ̯dn̩ | 'dan zae̯ a̯nɪ ɣɪtsiːltʰə 'fœːdəʁʊŋ

NT15   möglich. Die Kosten dafür dürften aber nicht allein den
møːglɪç | di̥ 'kʰɔstn̩ 'daːfyːɐ̯ dɘːftn̩ aβə nɪçt a̯'lae̯n den

NT16   Eltern aufgebürdet werden, betonte der Verein.
'ʔɛltʰɐn ao̯fg̊əbɵːdət vɛːɐ̯dn̩ | bə'tʰoːntə dɛ fɐ'a̯e̯n ‖]

NT17   Washington
['wɔʃɪŋtn̩ |

NT18   Die US-Regierung will Häftlinge in Guantanamo künftig anders
di u'e̯s ʁegiːʁʊŋ vɪl 'fɛftlɪ̯ŋɪ ɪn gwanˈtʰanamoː | 'kʰʏnftɪç ʔandəs

NT19   behandeln. Ein Regierungssprecher sagte, die Haftregeln
bəfiandl̩n | a̯e̯n ʁeˈgiːʁʊŋʃpʁɐçɐ zaːktə di̥ fiafʁ̥ʁeɣɵ̃l̃n̩

NT20   würden den Vorgaben des obersten Gerichtshofes angepasst.
vɵːdn̩ deːn 'fɔːgaːbm̩ dəs o̯βɐsdn̩ gəˈʁɪçtshoːfəs 'a̯nɣəpʰastʰ |

NT21   Die Richter hatten gestern klargestellt, dass die etwa
di̥ 'ʁɪçtə fiatn̩ 'gɛstɐn 'kl̥aːɣəʃtɛltʰ | das di̥ː ɛtva

NT22   sechshundert Gefangenen gegen ihre Inhaftierung klagen dürfen.
'zɛksʊnət g̊əˈfaŋɛnən geːgn̩ 'iːʁɪ m̩fiaftʰiʁʊŋ 'klaːgn̩ dɵːfm̩ |

NT23   Menschenrechtler sprachen von einem Sieg der Gerechtigkeit.
'mɛnʃn̩ʁɛçtlɐ ʃpʁaːxn̩ fɔn a̯e̯nəm 'ziːkʰ | de̯ ɣəˈʁɛçtɪçkʰae̯tʰ |

NT24   Experten erwarten nun eine Klagewelle. Eine Gruppe von
ɛksˈpʰɛɐ̯tn̩ ɛvaːtn̩ nuːn a̯e̯nə kl̥aːgəˈvɛlə | a̯e̯nə 'gʁʊpə fɔn

NT25   Anwälten kündigte an, schon in den nächsten Wochen gegen die
'a̯nvɛltn̩ kʏndɪçtɐ a̯n | ʃɔn ɪn en neːçstn̩ 'vɔxɪ̯ ɣeːgn̩ di̥

NT26   Inhaftierung ihrer Klienten vorzugehen.
m̩fiaf 'tʰiːʁʊŋ 'iːʁɐ kl̥iˈɛntn̩ 'foːtsʊɣeːn ‖]

15.5 Gespräch D. K. Mäurer mit G. Töpfer

GJ01 M: weiterer Vorteil find' ich ist dass die Straßenbahn
GJ02 T:
GJ01 M: ˈvaɛ̯təʁə fɔˤtʰae̯l fɪnd ɪj̊ ɪs dəs d̥i ˈʃtʁaːsm̩baːn
GJ02 T:

GJ03 M: rund um die Uhr fährt   hm hm
GJ04 T: tut sie das
GJ03 M: ˈʁʊnd ʊm̩ d̥i ˈuɐ̯ ˈfeːət̚ʰ   mm̩m
GJ04 T: ˈtʰuːt̚ zi· das

GJ05 M: mm fährt rund um
GJ06 T: ehrlich Straßenbahn
GJ05 M: mm̩ | fɛ·t ʁʊnd ʊm
GJ06 T: ˈʔɛ·lɪç | ˈʃtʁaːsm̩baːn

GJ07 M: die Uhr
GJ08 T: (eh n) na wieder
GJ07 M: d̥i u̯ːɐ̯ |
GJ08 T: ˈə̃ə̃ə̃ |nə ˈviðɐ

GJ09 M:
GJ10 T: was dazu gelernt nach so vielen Jahren *lachen*
GJ09 M:
GJ10 T: vas əˈdsuː gəlɛːn nḁ̈ z̥o fi· ˈja·hən̩n

GJ11 M: und es ist nicht normal in das ist in anderen Städten nicht so
GJ12 T:
GJ11 M: ʊnd z̥ ˈnɪj̊ nɔˈmaːl ɪn̥ dəs n̩ ˈan̥ɐn ʃtɛ·t̚ⁿn̩ ˈnɪç zo̥ː |
GJ12 T:

GJ13 M: mh hn abgesehen von den
GJ14 T: das ist nicht so
GJ13 M: n̩n ˈʔap̚g̊əzeːn fɔn ə̆n·
GJ14 T: d̥z̥ s ˈnə̥ç zo̥ː
GJ15 M: Häusern in der Innenstadt das Damenviertel ist ja
GJ16 T:
GJ15 M: ˈhɔø̯zɐn ɪn d̥ɛ̥ ˈm̩ːʃtatʰ | d̥əs ˈd̥aːmfɣˤtl̩ ɪs ja
GJ16 T:

GJ17 M: fantastisch die Leute sind herzlich
GJ18 T:
GJ17 M: fan'tʰastʏʃ | d̥i 'lɔ̯ø̯tə zn̩ 'fiɐ̯tslɪç
GJ18 T:

GJ19 M:
GJ20 T: also ich muss sagen Jena ist irgendwie eine großartige
GJ19 M:
GJ20 T: ʔaz i m̥ʊ zaŋ 'jeˑnaˑ s ɪ̩nvi nə 'g̊ʁɔˑsaˑdɪɣɪ

GJ21 M: hmm
GJ22 T: Stadt weil   im Vergleich zu
GJ21 M: m̥m̥
GJ22 T: ʃtad̥ | 'vae̯l | ĩ fɜglae̯ç tsʊ

GJ23 M:
GJ24 T: Halle oder so sind in Jena einfach mal
GJ23 M:
GJ24 T: 'fialə odə zo̥ːʔ | zɪnd ɪn 'jeːnaˑ ãẽfa m̩a

GJ25 M:
GJ26 T: tausend Studenten Tausende
GJ25 M:
GJ26 T: 'tʰao̯zn̩ ʃʊdɛnn̩n̩ | 'tʰao̯zɛndə

GJ27 M:
GJ28 T: Studenten nur Studenten und äh
GJ27 M:
GJ28 T: ʃtʊ'dɛnn̩n̩ 'nuːɐ̯ ʃə'dɛnn̩n̩ | ʔɔ̥ːnt əːː |

GJ29 M:
GJ30 T: jeden Abend ist irgendwo eine Party das find ich
GJ29 M:
GJ30 T: 'jeːdn̩ a̯ˑmd z̥ ɪɣɳ̍ʊə nə pḁːti ð̥əs fn̩ ɪç

GJ31 M:
GJ32 T: ja zum Beispiel klasse guck dir
GJ31 M:
GJ32 T: jaː tsʊm bae̯ʃpiḷ kḷasə | kʰʊɣ diɐ̯

GJ33 M: und wenn Semesterferien
GJ34 T: mal Halle an!   wann ist in Halle
GJ33 M: ʊn vɛn zəmɛsəˈfɛˑjən
GJ34 T: m̩a ˈfialə an   ɣa ɪs ɪn ˈhalə

GJ35 M:
GJ36 T: wann ist denn in Halle mal bitte schön einmal einmal
GJ35 M:
GJ36 T: ʋan ˈɪs n̩ ɪnː ˈfialə ma bɪɾə ʃøːn ae̯nəma ˈʔae̯nmaˑl

GJ37 M: mm
GJ38 T: im Jahr ist da mal 'ne Studentenparty und in Jena
GJ37 M: m
GJ38 T: ɪm j̃aː ɪs d̥aː ma n̩ ʃʷˈdɛnn̩ pʰaːti ʊnt ɪn ˈjeːnã

GJ39 M: Das stimmt
GJ40 T: kannst du irgendwie jeden Abend schön weggehen
GJ39 M: d̥əs ˈʃtɪmd
GJ40 T: kãs ŋvi ˈjen am̩t ʃøˑn ˈvɛkˀg̊eˑn

GJ41 M: und   mm
GJ42 T: die ganze Stadt ist eigentlich nur 'ne Uni
GJ41 M: ʊn   m
GJ42 T: d̥i ˈɣansə ʃtat ɪs ae̯ŋgɪʑ nʊ nə ˈʊniː ‖]

15.6 Interview Hallisch

Im Folgenden bezeichnet SS die Obsthändlerin, UW die Interviewerin.

HA01 SS: ich stehe früh
['fʁy:]

HA02 um drei halb dreie auf
[ˀʊm:: 'dʁaɛ̠ fiælp dʁaeə 'ɔof:]

HA03 na dann mache ich Frühstück
[dən mãʁ̃ĩç 'fʁy:ʃdʏk]

HA04 dann dusche ich mich ab
[du̠:ʒ ɪ̱ mɪj 'a̱b]

HA05 und dann ziehe ich mich an
[tsi̠:̠ mɪj 'a̱n]

HA06 dann gehe ich hier auf den Markt
[jeɪç]
['mõ̃:ɪçt]

HA07 dann wird aufgebaut der Stand
['ə̠fçəbae̥d]

HA08 na ja und dann fangen wir nachher später an zu verkaufen
[fãŋ mỹ nãe̤ˤ 'ʃbɛdḛ an tsə fʌˤ'kaofŋ̊]

HA09 UW: und sicherlich ist auch anstrengend die Arbeit
HA10 SS: na eigentlich macht es uns Spaß wahr
[np̠ 'a·ʒnĩj ma̱ʁts ʉns 'ʃba̱:əs: 'ʊõ̃:]

HA11 UW: und wie sind sie dazu gekommen
HA12 SS: na ja meine Großeltern hatten schon früh(er)
['ɣ̥ʁo̥:sɛldɐˤn̥ˤ]
['fʁÿ̈·]

HA13 auf dem Markt gestanden
[ʌvm̩ mõ̃ə̃jɪ̥ʃdann̩n̩]

HA14 neunzehnhundertsechsundzwanzig
[nɜ̝ənzɐˤtzɛksn̩'tsβandzɪç]

HA15 und meine Mutti hat das dann auch weitergeführt
[ma:nɜ̆ 'mʊ̯ədi]
[o̥ɣ 'vaɛdəˤjəfÿ̈:ɐ̥ˤt]

HA16 und jetzt machen wir es eben weiter
[mã̠ʁ̠ʁ̠'mi:əs ɛ:m 'vaɛtʰẽ̠ˤ]

HA17 UW: ja

HA18 SS: hmhm

HA19 UW: und ist ein richtiger Familienbetrieb

HA20 SS: richtiger Familienbetrieb ja
            [ˈʁ̞ɣɛɐ̯ˤ faˈmi̥ˑlj̊ənbətʁ̞i̥ːp]

HA21 UW: ihre Mutter ist ja auch schon lange dabei

HA22 SS: die Mutti ist auch schon lange dabei
            [də mʊ̯ə̰tˢḭːzˈɜ̯ʊ̰ʃŏ̃n laŋə dɐvae̯]

HA23   die war am am (ff) Mo- am Montag fünfundsiebzig
            [ˈmoːə̯ntaʰ]

HA24 UW: ach so

HA25 SS: und ist mächtig geehrt worden
            [jɪˈɛ̰ɐ̯ˤd̚ˌɪ]

HA26   vom Fernsehfunk
            [ˈfɛɐ̯ˤnˤzə̃əfɣˠŋg̊]

HA27   von der Blumenfrau Regine
            [fɔn də̰ˤ bl̥ṵːmfʁao̯ ʁeˈg̊ḭːə̰nə]

HA28   und von der Frau Scherf
            [ˈʃɛ̰ɐ̯ˤːfˤː]

HA29   hier vom MDR
            [ɛmdə̰ ˈɛ̰ɐ̯ˤ]

HA30   und hat auch viele Gratulationen gekriegt
            [filə g̊ʁ̥ɑdṵlă̰ˈtsjəːn jəkʁɪçtʰ]

HA31   und viele Blumen

HA32   und Pralinenkasten und so
            [b̥ʁă̰ˈl̰i̥ːnːkastn̩]

HA33 UW: hmhm

HA34 SS: na
            [na]

15.7 Interview Sächsisch

SÄ01   hier ist eine große Wiesenfläche und der <u>Flutgraben</u> verläuft
             [flo̞dˀɢʁɢɑɑbm̩]

SÄ02   hier in circa 2–3 Metern Tiefe also <u>das Wasser steht jetzt hier</u>
             [azə d̥ɜs wɒˤzˤɤˤ ʃd̥ĕ̞ədïsfiɪʌˤ]

SÄ03   fast <u>drei Meter</u> hoch und wir sind gestern Abend
             [d̥ʁaɛ me̞dʌˤ]

SÄ04   <u>notevakuiert worden</u>
             [nɜ̃ə̃dævɐɣɤɪɣˤtvɔˤdn̩ˤ]

SÄ05   weil das Wasser im Haus <u>bedrohlich</u>
             [b̥ə̞tʁɜ̞ə̞lə̞ʒ]

SÄ06   anstieg und meine Frau die Nerven <u>verloren</u> hatte <u>sind wir hier</u> über den
             [fʊˤlˤo̞ˤnˤ]
             [sɪmɜfiɪ̯ə̞ˤ]

SÄ07   bei Nacht über den <u>jetzigen</u> Fluss geschippert worden
             [jætsɪʒn̩]

SÄ08   was sonst <u>eine</u> herrliche Grünwiese ist
             [ɜnɛ]

SÄ09   was eigentlich das von der <u>Elbe</u> wo das Wasser
             [e̞ɪɡ̊ŋ̍d̥ˡə̞ʃ]
             [æ̃lβə]

SÄ10   abfangen soll jetze in dem Moment <u>macht sie das auch gerade</u> aber es ist natürlich
             [maχtsɘsɘə̞ɐ̃ʁ̞ɔ̞ɐ̃də]

SÄ11   mit einem Rauschen und <u>Getöse</u> bei uns in die Treppenhäuser eingedrungen
             [ɡə̞d̥œ̞əzə]

SÄ12   gestern dann plötzlich noch als der <u>Sportplatz</u> fast zwei Meter
             [alsə̞ˤʃˤb̥ˤo̞ˤd̥ˀb̥lɑd̥s]

SÄ13   dann unter Wasser stand es war eine <u>einzige</u> Katastrophe für meine Frau hat dann die Nerven verloren
             [e̞ːtsʃə]

SÄ14   sind wir raus und jetzt <u>hatte ich auch noch in der Not</u> den Gashahn
             [ɦaɾɪʒ̃ɔ̃nɔɛndɤˤn̩ɜ̞ə̞t]

SÄ15   vergessen zuzudrehen den Haupthahn ich <u>sage</u> wenn
             [sʌ̝ə̞]

SÄ16   eine Gelegenheit ist [muss ich] <u>wieder</u> hin und eventuell helfen
            [gələ̝ːgŋ̩ɦia̭ɛ̯dɪs]
            [mə̝zʒ̩]
            [vi̭d̯ʌˤ]
SÄ17   und man kann ja bloß helfen noch das <u>müssen sie sich</u> mal bildlich vorstel-
            len
            [mɪzzɪʒ̩]

15.8 Interview Schwäbisch

SW01   ich bin geboren in <u>Stuttgart</u>
[ʃtu g̊ʁatˤʰ]

SW02   <u>auch da aufgewachsen</u>
[ʔaəd̥ɑˑoufg̊ˤʋaksə]

SW03   mein <u>Vater</u> stammt aus Ulbach und Fellbach
[faːtəˤʁ̥ˤ]

SW04   er war <u>Lehrersohn</u>
[lˤëːʁ̥ɐˤsːõ̃ː]

SW05   meine <u>Mutter</u> stammt <u>aus</u> Ulm
[mutə]
[ʒ̊ʊz]

SW06   und ich hab meine ganze <u>Jugendzeit durch</u>
[juːɣŋˈtsɜɪd̥ˈdʊəç]

SW07   immer darunter <u>leiden</u> müssen dass ich eine
[lˤɑɪɐ]

SW08   Ulmer Form in meiner <u>Sprache gehabt habe</u> das war nämlich gvest
[ʃpʁ̥ɔx kʰap̚t hab̥]

SW09   immer hat es <u>wieder</u> geheißen
[ʋi̥də]

SW10   ach jetzt hat er wieder gvest <u>gesagt</u>
[ksakt]

SW11   <u>und das ist heute</u> noch so dass <u>mir</u>
[ʊ̃ndɛzɪʒfiəid̥]
[miɐ̥ʁ]

SW12   que oder gveser oder irgend eine <u>Auswegform,</u>
[ʌʊsʋɛːkfɔʁm]

SW13   die ich suche absolut nicht vom Munde will also ich bin in
meiner Kindheit <u>ganz</u> in Stuttgart <u>gewesen</u> habe mich viel in der
Umgebung herumgetrieben
[g̊ɛ̃nz]
[g̊ʋɛːsõ̃]

SW14   bin in der <u>Bobser</u> Gegend aufgewachsen hab auch bei Spaziergängen mit
[b̥obsə]

SW15   meinem Vater der als <u>Postbeamter</u>
[b̥oʃd̥ˈb̥əamdɐˤ]

SW16   viel <u>Nachtdienst</u> gehabt hat und nun auch
[naχdĩ̥nʃt]

SW17   bei Tag eben spazierengegangen <u>ist</u>
        und seine Kinder mitgenommen hat auch die Fluren und Wälder
        um Stuttgart herum kennengelernt hat
        [d̥aːˑg]
        [ɪ̄ʒ]

Bibliographie

Albrecht, K. (1881). *Die Leipziger Mundart*. Leipzig.

Ammon, U. und U. Loewer (1977). *Schwäbisch. Dialekt/Hochsprache – kontrastiv*. Düsseldorf. Sprachhefte für den Deutschunterricht. Heft 4.

Auer, P., B. Barden und B. Großkopf (1993). Dialektwandel und sprachliche Anpassung bei "Übersiedlern" und "Übersiedlerinnen" aus Sachsen. *Deutsche Sprache 21*, 80–87.

Barden, B. und B. Großkopf (1998). *Sprachliche Akkommodation und soziale Integration sächsischer Übersiedler im rhein-moselfränkischen und alemannischen Sprachraum*. Tübingen. Phonai; Bd. 43.

Baßler, H. und H. Spiekermann (2001). Dialekt und Standardsprache im DaF-Unterricht. Wie Schüler urteilen – wie Lehrer urteilen. *Linguistik online 9*.

Bergmann, G. (1990). Upper Saxon. In C. V. Russ (Hrsg.), *The dialects of Modern German. A Linguistic Survey*, 290–312. London.

Bergmann, G. (1992). *Polyglott. Sprachführer Sächsisch*. München.

Bergmann, G. und H. Becker (1969). *Sächsische Mundartenkunde. Entstehung, Geschichte und Lautstand der Mundarten des obersächsischen Gebietes*. Halle. Neu bearbeitet u. herausgegeben von Gunter Bergmann.

de Boor, H. und C. Winkler (Hrsg.) (1969). *Siebs Deutsche Aussprache*. Berlin, New York.

Dingeldein, Heinrich, J. (1997). Sprachvarietäten in "Mitteldeutschland". In G. Stickel (Hrsg.), *Varietäten des Deutschen*, 109–141. Berlin.

Duden (2000). *Duden. Aussprachewörterbuch*. Mannheim, u. a.

Eisenberg, P. (1986). Der Buchstabe und die Schriftstruktur des Wortes. In *Duden. Grammatik der deutschen Gegenwartssprache*, 6, 54–84. Mannheim u. a.

Fiukowski, H. (2004). *Sprecherzieherisches Elementarbuch*. Tübingen: Niemeyer.

Frey, E. (1975). *Stuttgarter Schwäbisch*. Marburg.

Frings, T. (1936). *Die Grundlagen des Meißnischen Deutsch*. Halle.

Froitzheim, C. (1984). *Artikulationsnormen in der Umgangssprache in Köln*. Tübingen.

Goldman-Eisler, F. (1968). *Psycholinguistics: Experiments in spontaneous speech*. London: Academic Press.

Graf, J. und B. Meißner (1996). Neue Untersuchungen zur r-Realisation. In E.-M. Krech und E. Stock (Hrsg.), *Beiträge zur deutschen Standardaussprache (Hallesche Schriften zur Sprechwissenschaft und Phonetik Bd. 1)*, 68–75. Hanau, Halle.

Grosse, R. (1955). Die Meißnische Sprachlandschaft. *Mitteldeutsche Studien 15.*

Henn-Memmesheimer, B. (1998). *Sprachliche Varianz als Ergebnis von Handlungswahl.* Tübingen. (Reihe Germanistische Linguistik 198).

Hiller, M. (1995). Regressive Pharyngalisierung im Stuttgarter Schwäbischen als C-VÂ-Interaktion. *Linguistische Berichte 155*, 33–64.

Hirschfeld, U. (1999). Phonetische Merkmale des Sächsischen und das Fach Deutsch als Fremdsprache. In B. Skibitzki und B. Wotjak (Hrsg.), *Linguistik und Deutsch als Fremdsprache. Festschrift für Gerhard Helbig zum 70. Geburtstag*, 109–120. Tübingen.

Hollmach, U. (1996). Soziophonetische Grundlagen zur Neukodifizierung des Aussprachewörterbuches. In E.-M. Krech und E. Stock (Hrsg.), *Beiträge zur deutschen Standardaussprache (Hallesche Schriften zur Sprechwissenschaft und Phonetik Bd.1)*, 60–67. Hanau, Halle.

Hoole, P. und K. Machelett (2002). *Phonetische Transkription I.* München.

Huesmann, A. (1998). *Zwischen Dialekt und Standard. Empirische Untersuchung zur Soziolinguistik des Varietätenspektrums im Deutschen.* Tübingen.

Hundt, M. (1992). *Einstellungen gegenüber dialektal gefärbter Standardsprache.* Stuttgart. ZDL-Beiheft 78.

Hundt, M. (1997). Zum Prestige gesprochener Alltagssprache. Sächsisch und Schwäbisch. In A. Ruoff und P. Löffelad (Hrsg.), *Syntax und Stilistik der Alltagssprache. Beiträge der 12. Arbeitstagung zur alemannischen Dialektologie 25. bis 29. September 1996 in Ellwangen/Jagst*, 49–65. Tübingen.

Iivonen, A. (1996). Unterschiede des Vokalismus und der Intonation in der ostmitteldeutschen und wienerdeutschen Standardaussprache. In E.-M. Krech und E. Stock (Hrsg.), *Beiträge zur deutschen Standardaussprache*, 225–240. Hanau, Halle.

International Phonetic Association (1999). *Handbook of the International Phonetic Association. A guide to the use of the International Phonetic Alphabet.* Cambridge: Cambridge University Press.

Klausmann, H., K. Kunze und R. Schrambke (1994). *Kleiner Dialektatlas – Alemannisch und Schwäbisch in Baden-Württemberg.* Bühl/Baden: Konkordia.

Klicpera, C. und B. Gasteiger-Klicpera (1998). *Psychologie der Lese- und Schreibschwierigkeiten: Entwicklungen, Ursachen, Förderung.* Weinheim: Beltz, Psychologie-Verlags-Union.

Krech, E.-M. (1999). Standardaussprache im Spannungsfeld von Norm, Normierung und Realisation. *DaF 3*, 135–140.

Krech, E.-M., E. Kurka, H. Stelzig, E. Stock, U. Stötzer und R. Teske (Hrsg.) (1982). *Großes Wörterbuch der deutschen Aussprache* (2. Aufl.). Leipzig: VEB Bibliographisches Institut.

Krech, E.-M. und E. Stock (Hrsg.) (1996). *Beiträge zur deutschen Standardaussprache.* Hanau, Halle. (Hallesche Schriften zur Sprechwissenschaft und Phonetik Bd.1).

Langer, H. (1990). Zur Umgangssprache der Gegenwart. *Deutschunterricht 43 (7–8),* 376–389.

Lemke, S. (1998). Phonostilistische Untersuchung zur deutschen Standardaussprache. Zur Realisation der Endungen -en, -em, -el. In *Interkulturelle Kommunikation (Sprache und Sprechen; Bd. 34),* 128–134. München, Basel.

Lemmer, M. (1990). Eigentlich eine "Weltsprache". Betrachtungen zur halleschen Mundart (XXXV). *Liberaldemokratische Zeitung Halle vom 26.01.1990,* 6.

Lemmer, M. (1998). *Forr Ischen und Scheekser. Gedichte und Prosa in hallescher Mundart.* Halle.

Lerchner, G. (1997). Regionale Identität und standardsprachliche Entwicklung. Aspekte einer sächsischen Sprachgeschichte. In *Sitzungsberichte der Sächsischen Akademie der Wissenschaften zu Leipzig. Bd. 135, H. 1,* Stuttgart, Leipzig.

Machelett, K. (1997). *Das Lesen von Sonagrammen V1.0.* München.

Meinhold, G. (1973). *Deutsche Standardaussprache. Lautschwächungen und Formstufen.* Jena. (Wiss. Beiträge der Univ. Jena.).

Meinhold, G. (1986). Phonostilistische Ebenen in der deutschen Standardaussprache. *DaF 5,* 288–293.

Menzerath, P. und A. d. Lacerda (1933). *Koartikulation, Steuerung und Lautabgrenzung.* Phonetische Studien 1. Berlin/Bonn: Dümmlers.

Mihm, A. (1998). Zur Rolle der Umgangssprachen seit der Mitte des 20. Jahrhunderts. In W. Besch, A. Betten, O. Reichmann und S. Sonderegger (Hrsg.), *Sprachgeschichte. Ein Handbuch zur Geschichte der deutschen Sprache und ihrer Erforschung, Band 2,* 2107–2137. Berlin, New York.

Nerius, D. (2000). *Deutsche Orthographie.* Mannheim u. a.: Duden.

Protze, H. (1957). Das Westlausitzische und Ostmeißnische. *Mitteldeutsche Studien 20.*

Protze, H. (1995). Regionale Varianten der städtischen Umgangssprache in den ostdeutschen Ländern und ihre Veränderungen vor allem im 20. Jahrhundert. In G. Lerchner, M. Schröder und U. Fix (Hrsg.), *Chronologische, areale und situative Varietäten des Deutschen in der Sprachhistoriographie. Festschrift für Rudolf Große (Leipziger Arbeiten zur Sprach- und Kommunikationsgeschichte 2),* 311–324. Frankfurt am Main.

Protze, H. (1997). *Wortatlas der städtischen Umgangssprache. Zur territorialen Differenzierung der Sprache in Mecklenburg-Vorpommern, Brandenburg, Berlin, Sachsen-Anhalt, Sachsen und Thüringen.* Köln, Weimar, Wien.

Ramers, H. H. (1999). Vokalquantität als orthographisches Problem. Zur Funktion der Doppelkonsonantenschreibung im Deutschen. *Linguistische Berichte 177*, 52–64.

Rausch, R. und I. Rausch (1995). *Deutsche Phonetik für Ausländer. Ein Lehr- und Übungsbuch* (4. Aufl.). Leipzig u. a.

Rosenkranz, H. (1964). *Der thüringische Sprachraum. Untersuchungen zur dialektgeographischen Struktur und zur Sprachgeschichte Thüringens.* Halle.

Rues, B. (1993). *Lautung im Gespräch. Ergebnisse einer empirischen Untersuchung.* Frankfurt am Main. (Forum phoneticum 53).

Ruoff, A. (1983). *Mundarten in Baden-Württemberg. Tonkassette mit Beiheft.* Stuttgart.

Ruoff, A. (Hrsg.) (1992). *Die Fränkisch-Alemannische Sprachgrenze.* Tübingen.

Scheutz, H. (1999). Umgangssprache als Ergebnis von Konvergenz- und Divergenzprozessen zwischen Dialekt und Standardsprache. In T. Stehl (Hrsg.), *Dialektgenerationen. Dialektfunktionen. Sprachwandel*, 105–131. Tübingen.

Schönfeld, H. (1964). Abriß einer Lautlehre der Mundart von Halle (Saale). *Wissenschaftliche Zeitschrift der Martin-Luther-Universität Halle-Wittenberg. Gesellschafts- und Sprachwissenschaftliche Reihe XIII (8)*, 585–602.

Schönfeld, H. (1983). Die Umgangssprache. In W. Fleischer, W. Hartung, J. Schildt und P. Suchsland (Hrsg.), *Kleine Enzyklopädie. Deutsche Sprache*, 430–440. Leipzig.

Schönfeld, H. (1985). Varianten, Varietäten und Sprachvariation. *Zeitschrift für Phonetik, Sprachwissenschaft und Kommunikationsforschung 38 (1)*, 206–224.

Schönfeld, H. (2001). *Berlinisch heute. Kompetenz – Verwendung – Bewertung.* Frankfurt/Main u. a.

Schönfeld, H. und R. Pape (1981). Sprachliche Existenzformen. In W. Hartung und H. Schönfeld (Hrsg.), *Kommunikation und Sprachvariation (Reihe Sprache und Gesellschaft Bd. 17)*, 130–212. Berlin.

Schwitalla, J. (1976). Dialogsteuerung. Vorschläge zur Untersuchung. In F.-J. Berens, K.-H. Jäger, G. Schank und J. Schwitalla (Hrsg.), *Projekt Dialogstrukturen. Ein Arbeitsbericht. (Heutiges Deutsch; Reihe 1, Linguistische Grundlagen; 12*, 73–104. München.

Siebs, T. (1898). *Deutsche Bühnenaussprache.* Berlin: Ahn.

Spangenberg, K. (1993). *Laut- und Formeninventar thüringischer Dialekte. Beiträge zum Thüringischen Wörterbuch.* Berlin.

Spangenberg, K. (1998). *Die Umgangssprache im Freistaat Thüringen und im Südwesten des Landes Sachsen-Anhalt.* Rudolstadt, Jena.

Spangenberg, K. (2000). Einheit und Vielfalt des thüringisch-sächsischen Sprachraumes. In *Dialektlexikographie im Ostmittel- und Ostniederdeutschen. Ergebnisse – Einsichten – Folgerungen. (Arbeitsblätter der vorhabenbezogenen Kommission für Mund-*

artwörterbücher der Sächsischen Akademie der Wissenschaften zu Leipzig), Leipzig, 22–28.

Stickel, G. (Hrsg.) (1997). *Varietäten des Deutschen. Regional- und Umgangssprachen.* Berlin, New York.

Stock, E. (1995). *Deutsche Intonation.* München: Langenscheidt.

Ternes, E. (1999). *Einführung in die Phonologie.* Darmstadt.

Vieregge, W. H. (1989). *Phonetische Transkription. Theorie und Praxis der Symbolphonetik.* Zeitschrift für Dialektologie und Linguistik, Beiheft 60. Stuttgart: Steiner.

Wallner-Zimmer, F. (1999). Phonetisch-phonologische Untersuchungen zur gehobenen Umgangssprache des Obersächsischen. Diplomarbeit, Universität Halle, Halle.

Wells, J. und J. House (1995). *The Sounds of the International Phonetic Alphabet.* London: Department of Phonetics and Linguistics, UCL. CD mit Beiheft.

Wiesinger, P. (1997). Sprachliche Variation – Gestern und heute. In G. Stickel (Hrsg.), *Varietäten des Deutschen. Regional- und Umgangssprachen*, 9–45. Berlin, New York.

Wirth, G. (1995). *Stimmstörungen. Lehrbuch für Logopäden, Sprachheilpädagogen und Sprecherzieher.* Köln: Deutscher Ärzte-Verlag.

Narr Studienbücher

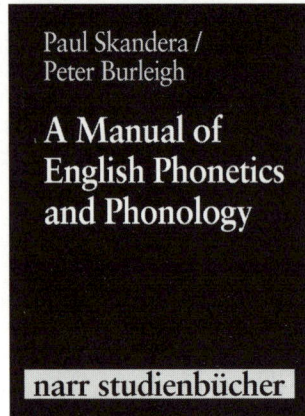

Paul Skandera /
Peter Burleigh

A Manual of
English Phonetics
and Phonology

narr studienbücher

Peter Burleigh / Paul Skandera

A Manual of
English Phonetics
and Phonology

narr studienbücher, 2005, X, 169 Seiten +
Audio CD, € 19,90/SFR 34,90
ISBN 978-3-8233-6125-1

A Manual of English Phonetics and Phonology is intended for students of English language in undergraduate university courses in the German-speaking region. It is entirely self-explanatory and requires no prior knowledge of linguistics.

The book starts with a short overview over the various branches of linguistics and locates phonetics and phonology in this context. As the *Manual* progresses, terminology and knowledge are advanced in a carefully staged manner.

It is divided into 12 lessons and exercises which can easily be managed in a university term. Special attention is given to areas the authors have experienced as challenging for students, such as the difference between phonetics and phonology, inconsistencies in terminology, and different transcription conventions.

The *Manual* combines an introduction to the theory of phonetics and phonology with the practice of transcription. Exercises at the end of each lesson give students the opportunity to put the theory into practice and constitute a fully integrated course in phonetic transcription. All spoken texts are provided on an accompanying CD.

Thus *A Manual of English Phonetics and Phonology* presents the teacher with a valuable class-ready resource, and the student with a stimulating, attainable, and insightful introduction to the study of phonetics and phonology.

Narr Francke Attempto Verlag
Postfach 2567 · D-72015 Tübingen · Fax (07071) 75288